LE BLOG DE MAX

LE BLOG DE MAX

roman

ROBERT LAFFONT

ISBN 2-221-10449-8

Semaine 1

Lundi 7 h 59 : Les trois coups

Ô joies du bureau ! Ivresse du quotidien ! Élégance du mobilier, bonhomie des surfaces planes, douceur des angles droits. Faux plafonds grisâtres, murs blancs insipides, moquette usée, tout ici invite au transport des sens avec autant d'enthousiasme que le feraient une allée de cimetière, une façade de bunker, une corde de pendu.

Le carillon de l'ascenseur annonce un premier arrivage. Dans le couloir, les voix de mes collègues résonnent de discours convenus. Leur enthousiasme sent bon le rasage frais, la chemise propre, les poches bien rangées.

L'univers du sérieux me rattrape. Le travail. L'équipe. La routine. Le bruit du papier froissé. Celui de la photocopieuse. Des téléphones. Des fax.

Huit heures. Zéro minute. Zéro seconde. Je redresse deux vertèbres, rehausse les paupières, allonge le bras, prélève un dossier de la pile, le place devant moi, l'ouvre au hasard.

Ça y est : je suis Max.

Lundi 14 h 00 : Une solution élégante

Le Boss entre dans mon bureau les bras au ciel. Une grosse commande vient de tomber mais Numéro 4 est en arrêt maladie. Manque de chance : ce dernier est le seul à maîtriser la Charte Qualité.

Pour mon supérieur, c'est le drame absolu. La déconfiture intérieure, l'estomac en charpie. Je déroule la procédure habituelle (quelques mots apaisants sur fond d'empathie tranquille) mais le spectacle est si affligeant que je finis par craquer : « Je peux le faire. » Bien entendu, c'est archifaux.

Sur le coup, le Boss en a presque les larmes aux yeux. Deuxième effusion de la journée, ça frise la tragédie grecque. Oui pour tout mais stop ! Pour calmer son exubérance, je caresse la bête dans le sens du poil : on forme une équipe super, on va s'en sortir, j'y travaille tout de suite, etc.

À peine le Boss sorti, je jette un œil. Effectivement, c'est du lourd. Même du fond de mon apathie congénitale, je sens le poids des sommes en jeu me chauffer les oreilles. Les prochains jours de boulot s'annoncent corsés.

Quoique. Numéro 4 sera sûrement revenu d'ici là. Alors, pourquoi se fouler ?

L'esthétique de la solution vient de sa simplicité. Le génie du glandeur à l'état pur. D'un geste souple, précis, élégant, je dépose la commande sur la pile. Et hop !

Mardi 11 h 30 : Un nouveau Diderot

Seulement mardi et déjà la catalepsie guette. Il est temps de rendre visite à mon pote Gégé. La traverse menant à son repaire débouche sur un foutoir indescriptible. Les dossiers s'élèvent en de périlleuses colonnes stratigraphiques. Dictionnaires exotiques, traités improbables, papiers en tous genres traînent pêle-mêle. Et au milieu de ce capharnaüm, Gégé trône, le visage fermé, limite funèbre. Bienvenue dans l'univers hostile du cérébral ! Aux curieux entêtés, l'estocade est donnée par une carte postale en apparence anodine, mais adossée de telle façon que l'œil désorienté finit immanquablement par tomber dessus. Elle reproduit un tableau de Dalí : *Jeune vierge autosodomisée par les cornes de sa propre chasteté*, 1954.

Tel un joueur de dames fanatique, Gégé empile les dossiers. Il me libère une chaise, ouvre un tiroir, en sort deux verres. La dégustation commence.

Sa démission mentale remonte à une vingtaine d'années, lorsqu'il comprit que « tout ça, c'est du vent ». *Exit* les objectifs, les résultats, plans de carrière et autres carottes financières. Il se consacre désormais au noble art du camouflage. Son disque dur personnel est dissimulé à l'intérieur d'un classeur et chaque jour, mon acolyte y sauvegarde son butin. Car Gégé a une mission. Une œuvre à accomplir, qui transcende les petits tracas de l'étage : réaliser la meilleure collection de photos coquines au monde ! Le sérieux avec lequel il mène son entreprise force le respect. Il se rappelle le nom des modèles et arrive même à les reconnaître sur les gros plans.

On pourrait juger cette quête picturale futile. Pas du tout. Ce qui sauve Gégé du néant, c'est sa foi : il croit en la collection suprême. En l'encyclopédie universelle qui embrasserait d'un même élan les blondes camées de Budapest, les brunes siliconées de Rio, les nouilles décolorées du Pink Hollywood. Perdu dans une civilisation absurde, s'élevant de toute sa hargne contre le silence des étoiles, avec la modestie discrète des plus grands, Gégé sauvegarde l'Humanité.

Nous spéculons longuement sur l'absence de Numéro 4. Puis, le maître veut me faire découvrir ses dernières trouvailles suédoises. Heureusement, il est presque midi. Le restaurant s'impose de lui-même. Seule question épineuse : qui invite ? Ou plutôt : qui s'occupe de la note de frais ?

Mardi 15 h 30 : Martine Marteau

Noisettes de veau aux morilles, un régal. Retour à 15 h 30, la classe. Je vais directement déposer la note chez notre comptable Martine Marteau. Elle est la grande spécialiste des remarques inintéressantes, des jeux de mots stupides, des blagues pas drôles. Démonstration par l'exemple : « Aujourd'hui, je suis au potentiel zéro. En électricité, le potentiel zéro correspond à la masse. Donc : je suis à la masse. » Tordant. En dehors de ses flops titanesques, elle déroule son univers chiffré à vitesse constante. Martine Marteau est le rouleau compresseur des tableaux à quatre colonnes et des articles de loi.

J'entre en trombe dans son bureau et attaque en piqué : « Ô Martine ! Tant de charme sous un voile de flamme. » Un léger sourire la trahit. J'ai ce petit plus qui lui échappe. Aussi, entre nous, il y a un arrangement tacite : un peu de poésie contre un peu d'indulgence.

Appâté par quelques manœuvres interlopes, j'avais même imaginé l'entreprendre. Mais je fus vite rebuté par ce corps sec, surmonté d'une coupe de cheveux étonnante, tout en hauteur, la coiffe Hiroshima. Et puis, sa chair doit avoir un goût bizarre, un peu comme celle du poulet. À réserver aux tordus. Ou à certains explorateurs désœuvrés.

Elle sort l'imprimé. J'envoie la deuxième salve : « Heuristique de la prospective. Déjeuner avec un consultant extérieur. » C'est à des lieues de sa nomenclature mais je garde un aplomb du tonnerre. Car il faut la surprendre, faute de quoi elle bétonne tout et devient impraticable. Martine Marteau est une rationnelle qui s'ignore : trop rationnelle pour s'en rendre compte. C'est le style à prendre Bach pour un succédané de suites mathématiques. Il lui manque le cœur, c'est tout.

Pas de corps, pas de cœur, mais elle a toute sa tête, c'est-à-dire tout le nécessaire pour me rembourser mon veau morilles. Même si cela me coûte quelques vers de nos grands poètes, sacrilège en ces lieux, qu'ils me le pardonnent. Elle pousse un soupir, griffonne quelques mots, m'indique la case à remplir.

« D'accord, maigre immortalité noire et dorée, consolatrice affreusement laurée, grande mer de délires douée, peau de panthère et chlamyde trouée, je signe et te laisse travailler. »

Mercredi 9 h 00 : Un égarement volontaire

Mon engagement concernant la Charte Qualité me rattrape. Et Numéro 4 n'est toujours pas revenu. Il me faut justifier un délai supplémentaire. Par exemple en faisant disparaître l'indispensable classeur de références. Le hic, c'est que l'objet se trouve en territoire hostile, chez nos amis les clones.

Les clones forment une meute de jeunes loups, tous définitivement perdus, à se faire des UV en plein hiver, se passionner pour la Formule 1 et se finir avec un film X dans une chambre d'hôtel plutôt que de lever une pute d'enfer pour lui arroser le corps avec un krug clos-du-mesnil, millésime 1986. Parce que je ne connais et ne connaîtrai jamais rien d'eux, parce que leur vie est cent pour cent synthétique, je les ai numérotés : Numéro 1, 2, 3, 4...

Une vieille photocopie, quelques feuilles vierges, un crayon, je voyage léger. Dans l'open-space, les téléphones chauffent, chacun sourit derrière son combiné. C'est l'esprit gagnant, paraît-il. Les clones ne vivent pas la réalité. Ils se la bouffent tels les héros d'un spot publicitaire continu. Pire que la coke ou la caféine, ils roulent à la com. Un ordinateur portable ultraléger, un téléphone-agenda-mayonnaise et go ! La conscience en marmelade, ils défoncent leurs plus belles années pour rembourser la voiture (deux ans), le mariage grandiose (cinq ans), le pavillon de banlieue (vingt ans) et les frasques de madame (à vie).

Le précieux classeur sous le bras, je repars prestement. Direction l'opposé du couloir, le débarras, l'étagère du bas. Encore deux jours de gagnés, avec une facilité déconcertante.

Mercredi 15 h 00 : Merci la vie

L'après-midi part en lambeaux. Le café a un arrière-goût d'orange amère. J'attends, face à la fenêtre, un document alibi entre les mains. La rue est presque déserte. Une voiture roule au pas, hésite, s'arrête. Vu l'allure, le créneau s'annonce prometteur. En pleine heure creuse, ce spectacle est inespéré. Depuis mon bureau, je le cueille comme un cadeau. Comme si la vie voulait me dire : « Alors, tu vois, tout n'est pas si moche. »

Le conducteur tourne ses roues, engage la marche arrière. Parvenu à mi-parcours, au lieu de rétablir, il continue de braquer. Le véhicule finit par buter contre le trottoir, en angle droit avec la chaussée. Moment de réflexion, nouvelle manœuvre, elle aussi inversée. À ce rythme, la voiture va bientôt se retrouver à contresens ! La portière s'ouvre, une dame d'un âge certain apparaît. Mise en plis impeccable, lunettes de soleil, manteau de fourrure, la totale. Elle constate l'échec, regagne l'habitacle, fait vrombir son moteur, s'apprête à repartir.

Depuis mon poste d'observation, je vois parfaitement que ça ne peut pas passer en un coup. La conductrice ne semble pas du même avis. La porte arrière se rapproche du véhicule stationné devant. Impossible de crier, je suis pétrifié. Dans un immonde bruit de tôle froissée, la voiture prend son virage au ralenti. Finalement, elle avait raison : ça passe ! Nouvel arrêt, nouvelle inspection, nouvelle crise. Cette fois, notre championne part en trombe. C'est beauté.

Jeudi 9 h 00 : Christelle, CQFD

La nouvelle stagiaire arrive dans une heure. Ce qui me laisse juste le temps de relire son CV.

Les grands espaces sur la page rappellent le caractère premier de la jeunesse : son vide. Dans le cas présent, on évite au moins la multiplicité des polices, le gras en veux-tu en voilà, l'italique et autre soulignage intempestif. Cette sobriété est la bienvenue. La demoiselle échappe à la tare la plus rédhibitoire d'entre toutes : le mauvais goût. Bien.

Lycée privé, école de commerce, stage à l'autre bout du monde, papa doit avoir le porte-monnaie solide. Très bien. La dernière ligne est de loin la plus intéressante : « Loisirs : équitation. » Nous voilà plus proches de la noblesse que de la bourgeoisie. Cela sent bon le parquet qui grince, la grande bibliothèque, les histoires de famille, les fantasmes refoulés. Excellent.

Lorsque la demoiselle entre dans mon bureau, c'est le choc. Épaules jetées en arrière, taille déraisonnable, cambrure vertigineuse, un visage d'ange. Le souffle à moitié coupé, je prétexte avoir trop de travail pour me libérer dans l'instant. La déesse s'éloigne. À chaque pas, les plis de son pantalon laissent deviner des formes parfaites. L'équation m'apparaît comme un flash : *plus la cuisse est cylindrique, plus la fesse est sphérique*. Je le savais ! À elle seule, cette petite Christelle en est la démonstration vivante. La preuve en soi.

J'imagine la voix sépulcrale de Gégé s'élevant depuis sa turne : « No zooob in jooob ! » Trop tard. Je me sens prêt pour une enquête de grande proximité. Un cambriolage de première classe. Une étude mathématique approfondie.

Jeudi 14 h 00 : Visite de l'échiquier

Avec décontraction, classe, simplicité, je détaille à notre nouvelle stagiaire les fonctions de chacun. À l'open-space, on retrouve nos infatigables clones. Ils sont à l'entreprise ce que les pions sont au jeu d'échecs : tous attendent une hypothétique promotion mais la plupart passent à la trappe. Puis le gang des secrétaires, composé de Géraldine (déléguée du personnel), Solénoïde (notre standardiste) et Annie (secrétaire particulière du Boss). Martine (notre comptable bien-aimée) occupe le rang des pièces lourdes. Quant aux cavaliers, Gégé et moi-même virevoltons de case en case en assurant les tâches de prestige.

Le pot du vendredi après-midi est notre moment de convivialité. On quitte le jeu défensif pour entrer dans des combinaisons plus explosives. En quelques sauts, Gégé gagne une place stratégique, Martine distribue aux clones leurs résultats hebdomadaires, le Boss se lance dans un discours fleuve. La partie se

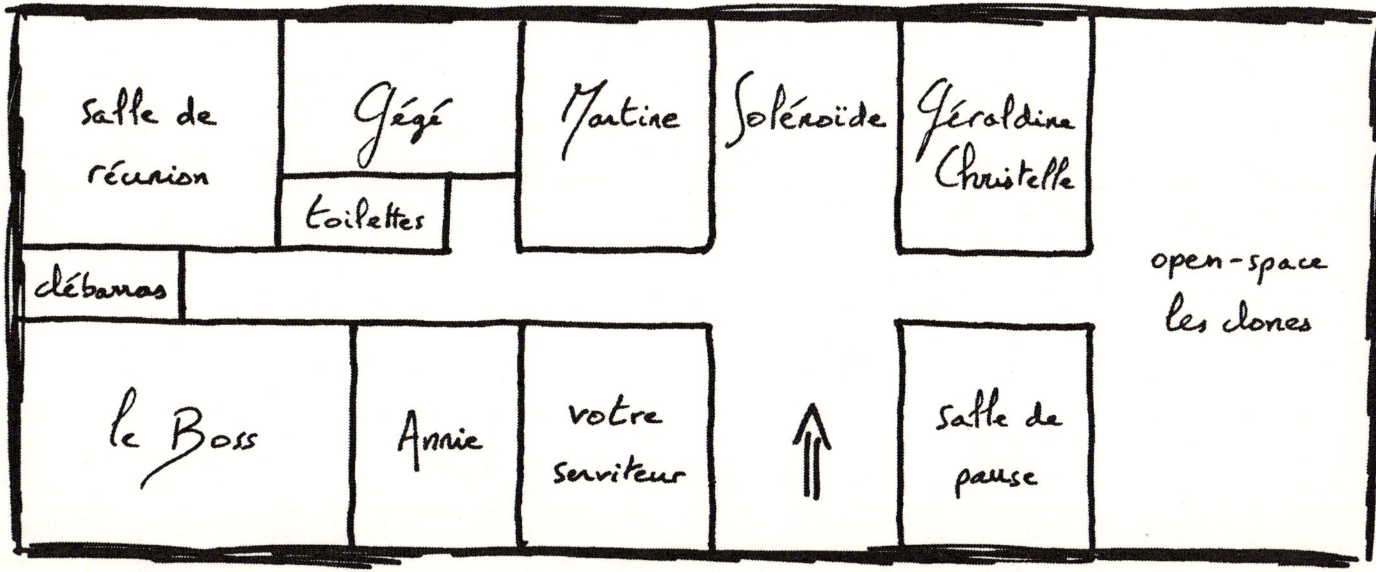

Mat en trois coups

joue en toute décontraction et au final, objectifs atomisés ou plantages monstrueux, il y a toujours une bonne raison de boire un coup.

Pour fêter son arrivée, Christelle décide de préparer une tarte aux pommes. Son enthousiasme illumine la pièce, l'étage, l'univers entier. Je lui souris. Maintenant, c'est sûr : celle-là, mon gars, tu vas te la faire.

Vendredi 8 h 30 : La pipotique

Numéro 4 n'est pas revenu et le Boss doit livrer le dossier pour midi. Ma tactique d'ajournement a foiré dans les grandes longueurs. Je n'ai plus le choix : il faut pipoter.

Internet est mon ami. Agrippé à ma souris, je pars à la pêche aux paragraphes. Quelques mots choisis et les moteurs de recherche me dégurgitent des kilomètres d'études incompréhensibles bourrées de mots barbares dont je n'ai plus qu'à copier les parties génériques dans mon document. Mais le malheur s'acharne sur moi : la connexion rame comme jamais. C'est la panique. Gégé pourra peut-être m'aider.

Je retrouve mon pote en train de surveiller le téléchargement d'une compilation signée par un certain docteur Pamezlamoi. Comme il s'agit d'un concurrent à sa divine mission, cela relève d'une priorité absolue, quitte à monopoliser toutes les ressources informatiques de la boîte. Nous regardons la barre avancer lentement. Puis, il me promet de différer la suite de ses investigations picturales.

Le café a un étrange goût de caramel brûlé. Puisant dans mes ressources les plus enfouies, je commence à assembler les paragraphes. En moins d'une heure, le dossier prend forme. C'est indigeste au possible et c'est bien mon intention : que personne ne le lise jamais. Pour corser le tout, il y a même des passages en anglais. Très smart.

Je fignole la première page et envoie ma grosse daube à l'impression. La photocopieuse turbine à plein régime. Solénoïde manie la relieuse sans ménagement. Le Boss passe de bureau en bureau, rassemble les pièces à la va-vite. Seule chose rassurante : même lui n'aura jamais le temps d'y jeter un œil. Mission accomplie.

Vendredi 16 h 00 : Le pot du vendredi

Pour une fois, je ne suis pas mécontent de me rendre au goûter festif de fin de semaine. Revoir la petite Christelle est une juste récompense après l'effort titanesque de la matinée. La tarte aux pommes de la demoiselle est des plus sommaires. Il y a bien une pâte, des pommes, mais pas de réel mélange des saveurs. À l'évidence, notre stagiaire manque de pratique.

Cette fois, le café a carrément l'odeur d'un désodorisant à la vanille. L'explication ne se fait pas attendre. Pour nous faire plaisir, Solénoïde a ramené une partie de sa réserve personnelle. Depuis le début de la semaine, je déguste du moulu bas de gamme parfumé au chocolat, au caramel, à l'orange. Impossible de trouver les mots pour la remercier. Peut-être : « Au secours ! »

Christelle est sous le feu des projecteurs. Chacun y va de son conseil sur la papeterie, l'histoire de la boîte, les objectifs à venir. La belle sature mais il est trop tôt pour l'emmener sur mon cheval blanc. Observant la scène depuis mon coin, je laisse faire.

Du coup, je ne vois pas venir l'attaque en piqué de deux clones en chemise blanche, costume noir, cheveux dans le vent, montre suisse, chaussettes à motifs. Ils me parlent de leur nouvelle passion, le cerf-volant. Vu mon statut, je pourrais les éjecter d'une phrase : « Ton cerf-volant, tu te le carres où je pense, tu fais l'avion jusqu'à ton bureau et tu ne m'adresses plus jamais la parole. » Mais la manière la plus économique de s'en sortir est encore d'écouter leur bouillie. Ou du moins de faire semblant. Avant de m'éclipser définitivement, je lance à mes deux excités : « Gardez le reste au chaud, je reviens tout de suite. » Ils acquiescent en souriant. Bonne attente. Bon week-end.

Semaine 2

Lundi 9 h 00 : Rechute inquiétante

« Où avez-vous mis mon classeur de références ? » Numéro 4 fonce vers mon armoire et l'ouvre sans ménagement. À croire qu'il a vu clair dans ma combine de glandeur. Hors de question d'alimenter sa colère par une opposition frontale. J'applique la méthode aïkido, l'accompagnant dans son élan, lui proposant la visite de mon meuble bas. Il se rue dessus. Toujours rien. Ses yeux scannent la pièce une dernière fois puis il repart, sans un mot.

J'arrive à l'open-space, au moment où notre revenant psychorigide interroge l'assemblée sur un ton glacial. Personne ne moufte. Le clone inspecte les placards un à un. La descente continue chez Géraldine puis à l'accueil. Désemparée, Solénoïde lui demande s'il cherche un cadeau surprise. Pas de réponse.

Numéro 4 s'apprête à entrer dans mon bureau quand je lui fais remarquer qu'il l'a déjà vérifié, que le classeur ne s'y trouve pas. J'use d'un ton exagérément calme, comme si j'avais affaire à un forcené jonglant avec des tronçonneuses dans une nurserie. Le petit plus, c'est que, pour une fois, je suis sincère : les précieuses références dorment toujours là où je les ai cachées, au fond du débarras.

Il me regarde les yeux au bord des larmes, renonce, prend son manteau, appelle l'ascenseur. Solénoïde est persuadée d'avoir gaffé. Je la rassure : elle ne pouvait pas savoir qu'il ne s'agissait pas d'un anniversaire. Martine Marteau soupçonne Numéro 4 d'entamer une dépression. Cela ne m'étonnerait pas. Avec son histoire de mystérieuse disparition de classeur, ce garçon m'inquiète de plus en plus.

Lundi 14 h 30 : Géraldine en émoi

Christelle passe une tête : « Géraldine fait des bruits bizarres. »

Même en temps normal, l'énormité de Géraldine a de quoi impressionner. Obèse parmi les obèses, son corps est enveloppé d'arrondis, eux-mêmes arrondis d'arrondis, etc. Le genre qu'il vaut mieux ne pas pousser dans l'escalier. Mais cette fois, c'est dantesque. Les yeux grands ouverts, la pauvre répète en boucle : « Ça va pas... Ça va pas... » Peut-être est-elle en train de se transformer en montgolfière ? Ses doigts s'écrasent sur le bureau en blanc, rose, rouge, violet. La litanie devient monosyllabique : « aaa... paaa... »

Pour une fois très au fait, Solénoïde ouvre un tiroir, sort une boîte, en extrait un comprimé blanc. Elle le glisse entre les lèvres du pachyderme. Géraldine se ramollit. Elle pose la tête sur ses bras, puis le gros bébé s'endort en bavant. S'il ne se réveille pas avant ce soir, je ne vois qu'une solution : le treuil.

De toute évidence, la crise est consécutive au manège de Numéro 4. Notre déléguée du personnel a dû prendre un peu trop à cœur l'incident du matin. Encore sous le choc, la petite Christelle va se passer de l'eau sur le visage. J'en profite pour jeter un œil sur son écran. Un texte sur Nietzsche. La coquine lit pendant ses heures de bureau.

Sans que je sache ni pourquoi ni comment, je me sens soudain empli d'un profond attrait pour les choses de l'esprit. Et notamment pour la littérature allemande post-romantique.

Mardi 8 h 00 : Un engouement soudain

Après quelques errances chez les bouquinistes, j'ai enfin mis la main sur un *Zarathoustra* d'occasion, une des œuvres de ce Monsieur Nietzsche. Il traîne sur un coin de mon bureau, bien en évidence.

C'est Gégé qui entre le premier. Il remarque l'ouvrage, le prend en main, s'extasie sur son auteur, évoque le nihilisme. J'aimerais lui expliquer que je ne suis pas nihiliste pour un sou, que je crois au christellisme, à sa cuisse légère, au galbe de ses hanches, mais le voilà lancé : « L'homme est le fruit d'une lente évolution. Mais il voudrait en être le reflux et retourner à la bête. Il n'est que misère, fange et pitoyable suffisance. Tout comme chaque espèce a créé quelque chose qui la dépasse, lui aussi sera un jour dépassé par sa propre descendance. » Ainsi parle mon pote Gégé.

Je lui avoue qu'il s'agit d'un simple appât pour attirer la petite Christelle. Mon acolyte me toise avec dédain puis m'ordonne d'attaquer sur-le-champ la lecture de cette œuvre capitale. Aucun problème, du moment que je dispose d'un pupitre adapté. Bien rebondi, le pupitre.

Mardi 13 h 00 : Accord suspect

Trois étoiles au Michelin, château-margaux 1961, le déjeuner s'annonce haut de gamme. Rencontre au sommet avec les clients de la grosse commande, celle dont j'ai allègrement truandé le dossier. En face du Boss et de moi-même, deux inconnus : Monsieur le Président et son bras droit, Méga-Man. La quarantaine, tiré à quatre épingles, ce gars a une tête bizarre : rouge, chauve, tout en longueur.

Nos chefs s'entendent à merveille. Pays exotiques, grands crus, tuyaux boursiers, c'est tout juste s'ils ne se tapent pas sur la cuisse. Leur connivence m'échappe. Ont-ils usé leurs pantalons sur les mêmes bancs d'école ? Fréquentent-ils les milieux libertins ? Font-ils partie d'une société secrète ? Devrais-je soigner ma parano ?

Au fromage, Monsieur le Président aborde enfin la fameuse commande. L'affaire semble en bonne voie mais le grand ponte y met une drôle de condition : que son homme de confiance, le susnommé Méga-Man réalise un audit amical. Étrange coutume que de regarder sous les jupes de ses associés. « Cela permet de mieux se connaître, soutient-il. De progresser ensemble. *To work together, to win together.* » Mon

Boss a un léger rictus. Sans doute un début d'érection. Il a trouvé son maître.

Mercredi 9 h 00 : Le jeu du dictionnaire

Même si toute l'équipe est au courant depuis une semaine, le Boss tient à officialiser la grosse commande par une réunion extraordinaire. C'est son côté régalien. Il prépare l'équipe à l'intervention de Méga-Man, insistant sur le côté amical de l'audit. Géraldine est sceptique. Elle demande si une telle intrusion est légale. Martine Marteau cite de tête quelques articles du code du travail et Solénoïde rajoute son grain de sel : Méga-Man ne doit pas toucher à la papeterie parce qu'elle a tout rangé ce matin.

Puis vient la traditionnelle cascade de diagrammes couleurs primaires, fulgurants histogrammes stylisés, mirifiques camemberts 3 D. Je sors quelques mots à cinq syllabes pour faire acte de présence. Parfois, je soupçonne le patron de me garder uniquement pour mes interventions raffinées, comme caution intellectuelle de cette effroyable orgie numérique.

Le reste du temps, avec Gégé, notre attention est accaparée par le jeu du dictionnaire. La règle est simple : chacun doit utiliser le mot tordu que l'autre lui a concocté. Saisissant une brèche, je me lance : « Ce projet est une vraie dermatomyosite. » Gégé riposte aussitôt : « Oui, il faudrait revoir la cosmogonie de notre approche client. » Très fort, le Gégé. Comme il se plaît à le répéter : vingt ans de latence feront toujours la différence.

Mercredi 16 h 00 : Le concours Miss Passante

La boîte croule sous le travail. Les délais prennent des proportions absurdes. L'ambiance est à l'urgence permanente. Nous passons notre temps à nous croiser dans les couloirs, à ajuster nos agendas, à parler de plusieurs projets à la fois. Bref, on se fait chier. Depuis mon bureau, je laisse passer l'orage, guignant en contrebas les passantes qui défilent comme sur un podium.

Dans ma tête, la voix surexcitée d'un commentateur relate le spectacle :

« Cher public, merci de nous rejoindre pour le grand concours Miss Passante. Déjà de nombreuses candidates depuis le début de l'après-midi, la compétition s'annonce serrée. Attention. Trois deux un, c'est parti !

« Une petite brunette manteau chaperon ouvre le bal. Une démarche élancée, trop peut-être : ses pas de géant lui enlèvent toute grâce. Mais ouvrir la compétition n'est jamais chose facile. Succès d'estime. Surtout face au boudin promenant son chien, aussitôt éliminé. Oh ! Que vois-je ! Deux étudiantes, cheveux dans le vent, pochette sous le bras. Le jean est précis, la forme intéressante. Dommage que leurs chewing-gums soient mâchés bouche ouverte. Troisième et quatrième places. Le ballet continue avec une jeune maman qui a choisi de travailler le landau. On sait combien l'instrument est délicat mais ses généreux attraits ne rattrapent pas la faiblesse artistique de sa trajectoire rectiligne. Sixième place.

« On m'annonce que Gégé vient de rejoindre le jury. Le nez contre la vitre, il repère une junkie échevelée, sans doute un bon potentiel horizontal. Elle s'empare de la troisième place, repoussant nos étudiantes plus loin dans le classement.

« Suivent quelques fesses pendantes, culottes de cheval et autres arrière-trains ahurissants. L'heure avance et les premières places restent à prendre. Soudain, une ravissante créature entre en scène. Gégé la déclare victorieuse. De mon côté, je préfère ne pas me précipiter. Comme chacun le sait, la gagnante sera mariée à vie avec le jury. Aussi mieux vaut-il y réfléchir à deux fois. Et, de toute façon, Gégé l'a déjà réservée.

« Nouvel arrivage, encore une bourgeoise trop moche pour se hisser sur le podium, puis plus rien. La situation est tendue. Le jury s'impatiente.

« Ah ! Peut-être la délivrance. Un petit bout de femme de rien du tout. Mais sa coupe Loulou très réussie met tout le monde d'accord. Alléluia ! Le mariage sera prononcé dès qu'elle sortira du champ de vision, dans quelques instants.

« Attendez ! Oh là là, c'est incroyable ! Une superbe blonde avec son téléphone portable ! Le jury hésite. Gégé est dépité. Et une nouvelle brune, un vrai boulet ! Gégé veut changer les règles, ce qui est bien entendu impossible. Quel cas de conscience ! Il faut trancher. Après de grandes concertations, le verdict tombe : la coupe Loulou décroche l'or. Les ultimes bombes s'emparent des places d'honneur, synonymes d'aventures de passage. Pour une fois, le podium est de qualité.

« C'était l'élection de Miss Passante en direct des bureaux. À vous les studios. »

Jeudi 10 h 00 : Le torpilleur fou

Afin de pallier l'ennui mortel, je décide d'un tour aux toilettes en vue d'une sereine vidange. Et là, l'horreur. L'indicible. L'innommable. Comment dire ? Accoudé au siphon, un étron exceptionnel, tout en longueur, si énorme que la moitié au moins en émerge. L'odeur, la couleur de l'eau, tout est terrible. Il n'y a même pas de papier-toilette. Je tire plusieurs fois la chasse sans succès, on dirait du béton. La situation est cauchemardesque. Je fuis.

Gégé m'en avait déjà parlé mais je n'osais le croire. Il sévit à notre étage un de ces monstres que la nature a muni d'une turbine à chocolat pour brontosaure, à vous fabriquer des cigares format 747, rasant les murs incognito, le sourire béat. Forcément : un largage pareil, ça doit sacrément soulager.

Face à cette expérience traumatisante, que dois-je faire ? Piquer un scandale chez le Boss ? Partir méditer la chose en haut d'une montagne ? Ou acheter une grenade explosive et guetter le prochain largage ?

La trouvaille me préoccupe. Y aurait-il à ce même étage un autre excentrique ? Aurais-je un double se cachant comme moi derrière son masque ? Quelqu'un que le système a voulu normaliser sans pour autant y parvenir ? Quelqu'un qui essaie encore d'exister dans ce monde invivable, défendant par cette voie originale le dernier bastion de son être ?

Peut-être le torpilleur fou a-t-il mis au point une variante du morse : trait point trait point. Peut-être que chaque lettre lui demande des heures de concentration.

Peut-être qu'au fil des semaines, il déclame des vers extraordinaires.

Qui est-ce ?

Jeudi 14 h 00 : Première enquête

À n'en pas douter, nous avons affaire à un authentique dédoublement de la personnalité. D'un côté, le travailleur subissant la pression sociale et respectant la norme. De l'autre, l'esprit supérieur. Le poète génial. Le créateur mystique.

Pas facile. À première vue, personne n'a le profil. Il y a bien l'impénétrable Martine Marteau, le pathétique Boss, la vicieuse Annie-les-gros-mollets ou la massive Géraldine, mais comment savoir ?

Une terrible odeur de ratatouille règne à l'étage. Le gang des secrétaires a encore frappé. En dépit de leur acharnement à manger léger, elles restent grasses et molles. On dirait des bombes à eau géantes remplies de potage. Un petit trou à l'agrafeuse et elles vous pissent leur tambouille sur tous les murs de la boîte. En tout cas, ce n'est pas en s'empiffrant de légumes que l'on produit de telles compressions. Elles semblent hors de cause.

Quant aux clones, ils sont à la fois les plus suspects et les moins aptes à développer un tel don. À moins que... Une terrible pensée me traverse : et si c'était la petite Christelle ?

Vendredi 11 h 00 : Le monde révélé

Bing bing bing. Quelqu'un est en train d'exploser la photocopieuse à la masse. Je retrouve Solénoïde agenouillée devant la bête, poussant tirant les gros cylindres, maniant ses parties mobiles sans la moindre délicatesse. Allons, mon enfant ! Elle se relève gênée, s'essuie le coin des lèvres puis me débite une sérénade sur cette foutue machine qui a avalé le transparent, pourtant le spécial-qui-coûte-cher-parce-qu'il-est-prévu-exprès.

Je tente la méthode éclair : « Tu es en colère parce que tu te crois incompétente. » Silence. Hochement de tête. Ouf ! Deux ou trois phrases paternalistes et l'affaire est dans le sac. Nous allons pouvoir chercher où est passé ce coquin de transparent. Après tout, peut-être la photocopieuse l'a-t-elle digéré ! Solénoïde m'assure que non, ce n'est pas possible, une chose pareille. Parce que la machine, elle se nourrit à l'électricité.

Après une première inspection, je dois me rendre à l'évidence : l'objet a bel et bien disparu. Interloqué, je prends un peu de recul, remarque une trace brillante de l'autre côté du hall d'entrée. Le transparent ! Il a dû glisser comme sur un coussin d'air. La standardiste ouvre de grands yeux. Je prends une feuille, la laisse tomber légèrement de biais. Celle-ci rejoint la même zone.

La mâchoire de Solénoïde n'en finit pas de tomber. Un monde nouveau s'ouvre à elle. Celui de l'outil maîtrisé. Fini les transparents volatilisés. Fini les cauchemars de photocopieuse en folie. Je devrais être anéanti. Je retourne à mon bureau la joie au cœur. Tant de belles choses en ce monde ! Son esprit candide restera longtemps empreint d'un profond respect pour l'explorateur des bureaux, l'inventeur de la copie volante, le découvreur des papiers égarés : moi.

Vendredi 16 h 00 : Des félicitations inattendues

Hormis Numéro 4, tout le monde est présent au happening de fin de semaine. La petite Christelle est plus rayonnante que jamais et, même si je fixe bêtement Solénoïde causant tisanes parfumées, mon esprit se délecte des courbes de la déesse en périphérie de mon champ visuel.

Martine Marteau distribue aux clones leurs résultats hebdomadaires. C'est l'effervescence. Chacun estime la commission qui lui sera rétribuée puis compare avec ses camarades de jeu. Je les regarde s'émoustiller pour quelques zéros dont, de toute façon, ils ne profiteront pas avant la retraite, cons comme ils sont.

Le Boss, très en forme, nous annonce qu'une étape historique vient d'être franchie. Et cela grâce à moi ! Il revient sur ma performance : avoir suppléé à l'absence de Numéro 4 au pied levé. Je suis contraint d'abonder en son sens, expliquant combien la Charte Qualité m'a coûté de soirées tardives et de recherches laborieuses.

Le Boss reste admiratif devant tant d'abnégation. Ses applaudissements repris en chœur me transportent à des hauteurs stratosphériques. Les yeux fermés, il me confierait les clefs de sa maison, le numéro de son coffre, sa fille cadette en short moulant.

Mais, si jamais le dossier bâclé refait surface, je suis un homme mort.

Semaine 3

Lundi 9 h 00 : Gégé masteurise Méga-Man

Plus que quelques minutes avant l'arrivée de Méga-Man. Comment gérer l'affaire ? Gégé se ressert un verre pour mieux se concentrer. En quelques gorgées, la théorie émerge des profondeurs spiritueuses : il faut déstabiliser l'auditeur d'entrée de jeu. Qu'il se méfie de nous et nous laisse définitivement tranquilles.

Mon acolyte repasse les données en revue : une tête rouge ? chauve ? tout en longueur ? D'accord. Le premier qui prononce « Nono le petit robot » confie à l'autre la prochaine note de frais. Pari tenu.

De l'agitation dans le couloir, sûrement l'arrivée de notre hôte. Gégé finit sa boisson d'un trait. Nous partons à l'assaut. Au moment de lui serrer la main, mon pote se met bien en face de Méga-Man et lui annonce direct : « Bonjour, je suis Nono le petit robot, l'ami d'Ulysse. » Bienvenue dans l'espace ! Énorme coupure son. Plus personne ne bouge. L'intéressé est encore plus rouge que précédemment. Sa tronche n'en finit pas de s'allonger. Derrière son comptoir, Solénoïde semble la seule à saisir ces propos interstellaires. Le Boss tire la gueule. Peu importe. Gégé me regarde tout sourire. Pari gagné.

Emporté par sa réussite, Gégé croit bon d'en rajouter une couche : « Bidibidip ! » À quelques encablures de la retraite, ce taré n'a vraiment plus peur de rien. Au moins, sommes-nous sûrs que Méga-Man a compris le message. Sa mallette stricte, son cirage satiné, son costume impeccable contrastent au maximum avec la situation. Victoire par K.O. ! Gégé s'en retourne fièrement, répétant à haute voix : « Bidibidip ! Bidibidip ! »

Il est comme ça, Gégé. Faut pas l'emmerder.

Lundi 14 h 00 : Le Loto Cadre

Le nouveau venu sait maintenant que nous sommes de grands professionnels. Et que sa présence ne modifiera en rien nos habitudes. Mais Gégé tient à enfoncer le clou. Pour la réunion de présentation, il me suggère un Loto Cadre !

Le principe est simple. Chacun dissimule une grille de mots sous une feuille blanche, de façon à pouvoir les lire par transparence sans attirer l'attention. À mesure qu'ils sont prononcés, les mots sont cochés. Le premier à avoir complété une ligne ou une colonne doit se lever et crier à l'orateur sa désapprobation.

bénéfice	procédure	marketing	approche	progression
management	calendrier	marché	solution	objectif
échéance	optimiser	commission	entreprise	meilleur
perspective	business	commercial	gagnant	commerce
croissance	stratégie	top	innover	challenge

Méga-Man se lance dans une interminable présentation de sa mission. Attentifs aux mots prononcés, nous ne suivons rien de son propos. En quelques minutes, j'ai : bénéfice, solution, objectif, perspective et stratégie. C'est bien parti. De son côté, Gégé, qui connaît quelques problèmes de vue, soulève régulièrement le papier de camouflage ou s'en rapproche à quelques centimètres. Le voir ainsi le nez collé à une feuille blanche est plutôt gondolant. Soudain, mon pote agite ses papiers. Trop tard, il se lève et lance à l'assemblée : « Foutaises ! »

Martine Marteau fait un bond sur sa chaise. Prenant un air grave, Solénoïde acquiesce de la tête. Méga-Man ne finit même pas sa phrase. Géraldine lance un soupir de baryton. Elle s'apprête à vitupérer mais Gégé l'arrête d'un geste : il a besoin de réfléchir. Consterné, le Boss le remercie pour sa fulgurante participation. Cette fois c'est sûr, on va avoir la paix pendant un bon moment.

Mardi 10 h 00 : Interrogation-surprise

L'auditeur a installé son quartier général en salle de réunion. Le voilà qui passe muni d'un bloc de papier, un stylo, une calculatrice. D'une démarche sûre, le zozo trace vers les clones. Je contemple la pile de dossiers sur mon bureau. Tout ce boulot ! Mes yeux butent sur le *Zarathoustra*. Bien calé derrière l'écran informatique, j'en commence la lecture.

Dès les premières pages, c'est le choc. Je m'attendais à de grandes abstractions philosophiques avec des wagons de concepts abracadabrants. Je tombe sur un homme descendant de sa montagne, entouré de nature. Le style est éblouissant. Je retrouve les explications de Gégé : l'homme a fait un sacré chemin depuis le ver de terre. Il se croit l'aboutissement de l'évolution alors qu'il n'est qu'une corde tendue entre la bête et ce qui lui succédera. L'homme est amené à être dépassé.

L'élan poétique me transporte en salle de pause. Nez à nez avec Méga-Man ! Je dégaine le premier : « Il y a encore beaucoup du ver en l'homme. » L'auditeur reste scotché. Il agrippe sa calculatrice et quitte la pièce sans demander son reste. Avec satisfaction, je constate que la leçon de la veille a été parfaitement assimilée.

Mardi 14 h 00 : Une communication délicate

Il est grand temps de mettre à profit mes nouvelles connaissances littéraires auprès de la petite Christelle. Autant la sobriété du verbiage de Méga-Man en facilitait la mise en boîte, autant séduire la belle relève d'une autre paire de manches. À coup sûr, elle trempe du Victor Hugo dans son chocolat, mâchouille Hegel en salade et dégomme deux ou trois tranches de Kant pour son quatre-heures. Il faudrait lire tout Nietzsche. Je me contente de finir le prologue.

Mon estomac se tord. Le couloir aussi. Trac ou patraque, il faut se lancer. Le moment crucial se rapproche jusqu'à coïncider exactement avec le présent. Elle est là, devant moi. Impossible de reculer. L'histoire, notre histoire, est en marche. Mon cœur pulse, ma bouche est pâteuse. Bordel de merde. Tout ce que je demande, c'est cinq minutes avant que les haricots remontent. Lui vomir dessus, ça, elle ne le comprendrait pas.

Je prends un air songeur, relève un sourcil. Mon regard se perd à l'horizon. La pensée jaillit en bloc : « Il y a beaucoup de ver en l'homme. » Voilà. Pour sûr, elle ne s'attendait pas à trouver pareille érudition en ces lieux. Le temps qu'elle en réalise toutes les conséquences, le prince devant elle, sa vie qui bascule, enfin la grande aventure et ses yeux vont s'éclairer. Elle me dira que Nietzsche est son auteur fétiche et, tôt ou tard, nous partirons main dans la main. C'est inéluctable.

Elle fronce les sourcils : « J'ai un oncle qui en a eu, il paraît que c'est épuisant. » Mais de quoi parle-t-elle ? Impossible de lui avouer que j'ai espionné son ordinateur. Je suis coincé. Seule sortie : j'explique qu'il s'agit de Gégé. « Oh, le pauvre ! Surtout à son âge ! » Un coup pour rien. Ce n'est pas grave. Sinon qu'il va falloir annoncer à mon pote qu'il a un affreux ver solitaire dans les intestins.

Mercredi 10 h 00 : Baptême lactique

En contrebas, un agent aligne méthodiquement les véhicules stationnés. Quatre à la suite. Et le prochain est celui de Gégé. Trop tard. Le sbire relève la plaque minéralogique, griffonne son carnet. Est-ce de passer son temps à coller des prunes aux honnêtes gens qui fait de lui un sombre crétin ou l'inverse ?

Bien sûr, il y a mon aversion naturelle pour l'uniforme. À commencer par le costard cravate des bureaux. Mais ce qui me troue le plus, c'est le principe : devoir payer pour s'arrêter. Avant, on travaillait pour acheter la voiture, laquelle nous permettait d'aller travailler. Tout s'équilibrait merveilleusement et l'on pouvait espérer bosser moins, gagner moins, consommer moins. En somme, vivre mieux.

Mais, en tarifant le vide, notre clown assermenté déséquilibre le système. Il nous pousse dans le gouffre du toujours plus. Sa molle démarche n'est pas celle d'un agent de la paix. C'est celle d'un fantassin de la guerre économique. Bas résille sous son pantalon strict, matraque bien enfoncée, pétoire en bandoulière, d'autres métiers du trottoir sont plus respectables.

Dans le débarras, j'ai repéré une vieille seringue à colle. Solénoïde se nourrissant exclusivement de yaourts, il y en a sûrement un stock dans le réfrigérateur. Je bondis de mon fauteuil, ramène le matériel, charge la seringue, ouvre la fenêtre. Les masses des travailleurs crient vengeance. Leurs plaintes montent des quatre coins de la ville. Elles me bouleversent.

L'air fouette mon visage. Me voilà prêt à combattre l'agent pathogène avec mon guano lactique.

La cible se rapproche. Le doigt sur la détente, j'attends les ordres. À la balistique, ils s'interrogent encore sur la vitesse du vent, le temps de chute. Larguez ! Mon missile fend l'air, se disloquant en fines gouttelettes. Il s'écrase sur le sol, juste sur les talons de la victime. Raté ! L'ennemi continue sa sinistre mission. Il sera bientôt de nouveau à portée de tir. Dernière chance. Je recharge.

Penché au-dessus du vide, la seringue dans le prolongement de mon corps, je suis zen. Le vent cesse, la rue fait silence. Au moment exact, j'envoie la sauce. La giclée explose pile sur son képi. Hourra ! Un tir exceptionnel ! Du calme, mes amis, du calme. Ne nous emballons pas. C'est même le moment d'un peu de recueillement. D'une prière pour cette âme perdue. Elle s'était égarée, je l'ai convertie. Baptisée au bifidus actif, elle suivra désormais la voie de la sagesse, celle qui fait un détour pour éviter notre rue. Ainsi soit-il.

Mercredi 16 h 00 : Mozart

Tout le monde bosse. Enfin, tout le monde sauf moi. Le tour en salle de pause s'impose. Je tombe sur Mozart, le yorkshire de Solénoïde. Tous les mercredis – les habitudes, moi, ça me fige –, la maman de notre standardiste s'occupe du monstre. Elle lui fait sa sortie clopin-clopant, chacun tirant l'autre dans les orties, puis le ramène à sa maîtresse en fin d'après-midi.

Le ramasse-poussière, auquel il ne manque qu'un manche placé au bon endroit, porte bien son nom : plus il aboie, plus des sons étranges lui cassent les oreilles. Alors, pour marquer son mécontentement, il aboie de plus belle, sans se rendre compte qu'il est la source de l'insupportable bruit qui le gêne. Tu parles d'un virtuose ! Seulement là, le york sent le danger. Il reste sur ses gardes. Je boite de la jambe gauche, laissant la droite disponible pour pouvoir droper à tout moment l'auteur-compositeur-interprète. Chacun toise l'autre, façon western.

Solénoïde est persuadée que « Mozart est un être humain comme les autres ». Elle lui parle en conséquence. Et dans le fond, je partage la même croyance : « Ne t'avise pas de l'ouvrir, sale bête. Ou je te satellise sur Pluton et tu retombes directement en moumoute hippie sur la tête de Méga-Man. » La teigne se tait. J'ai su trouver les mots. Peut-être vais-je pouvoir accéder à la machine à café sans mettre ma terrible menace à exécution.

Jeudi 11 h 30 : Le cas Annie

Gégé est catastrophé : Annie-les-gros-mollets vient de restreindre l'accès à Internet. Annie... Tout un poème. Chaque jour, je vois mes collègues s'asseoir sur leurs séants et polir sagement leurs existences, s'appliquant à en rectifier sans cesse le cap, à en élaguer les plus infimes imprévus. À force de se rassurer, ils deviennent ce qu'ils sont déjà : des êtres mesurés, incapables de vibrer, d'avoir le moindre coup de foudre, qui finissent par choisir leurs femmes comme leurs boîtes de petits pois : avec parcimonie.

Sauf Annie.

Annie, c'est la magie des petites crasses par-derrière, le brio des crises d'hystérie, l'élégance des chaudes larmes, la puissance des refus inattendus, la surprise des dossiers égarés. Contradiction, étourderie ou simple méchanceté, tout est possible car Annie ne se calcule pas. Elle est à la fois la fin du cogito, l'effondrement du sujet et le dépassement de toute philosophie. Prophète de la mise en page merdique, nabi des parafeurs oubliés, chiromancienne du café froid, sa déraison sonne comme un message : « Tracez votre propre voie, ne suivez que vos instincts et ne vous contentez pas d'être, devenez ! » Non, je rigole. Elle est conne. C'est tout.

La cinquantaine bien tassée, le style boudin sur talons aiguilles, la physiquement incontournable Annie-les-gros-mollets est une sacrée perverse. Dès qu'elle a une once de pouvoir sur vous, comptez sur elle pour trouver la manière la plus astucieuse de vous pourrir la vie. Les clones, qui n'ont pas compris qu'elle tirait jouissance de ces petites tracasseries, s'y cassent les dents régulièrement. De mon côté, je me contente d'éviter la tordue.

Mais là, c'est différent. Annie a fait installer un filtre Internet qui bloque l'accès à certains sites. Faire du zèle n'étant pas sa spécialité, nous pensons sur-le-champ à l'influence de Méga-Man.

Gégé est hors de lui. Comment va-t-il accomplir sa divine mission ? Il projette d'installer à ses frais sa propre ligne haut débit. Cela risque tout de même de se voir. Ne serait-il pas possible d'éviter l'obstacle par l'intermédiaire d'un service de surf anonyme ?

Gégé m'embrasse sur le front. Il va pouvoir repartir à l'assaut des contrées éblouissantes du sexe facile. Nous avons su contourner le piège tendu par Annie. Pour fêter cette victoire, j'invite mon pote à déjeuner. Aux frais de la boîte, cela va de soi.

Jeudi 15 h 30 : Prosaïque Martine

Note de frais en main, je soigne mon entrée : « Ô Martine ! Debout dans l'ère successive, brisez, mon corps, cette forme pensive ! Buvez, mon sein, la naissance du vent. » La comptable me tend un formulaire. Maintenant, pour se faire rembourser, il faut la signature du Boss. « Non ! Pour moi seul, à moi seul, en moi-même, auprès d'un cœur, aux sources du poème, tu ne peux pas me faire un coup pareil ? » Si. « Cruelle Martine ! M'as-tu percé de cette flèche ailée qui vibre, vole, et qui ne vole pas ? Le son m'enfante et la flèche me tue ! Bordel de merde. Je ne vais tout de même pas le payer de ma poche, ce déjeuner ? »

Je lui explique que ce repas est important pour la boîte, pour Gégé, à cause de ses problèmes intestinaux dont il ne veut pas parler. Rien à faire. Martine reste inflexible. Faisant fi de mes vers enflammés, elle reprend la procédure à zéro : les dépenses concernées, l'armoire des imprimés, le formulaire en question. Elle me demande si j'ai la signature du Boss. Non. Alors, comme un film repartant en arrière, elle se relève, rouvre l'armoire, y replace le précieux feuillet, s'assoit et revient à la position initiale.

En dépit de ma prodigalité poétique, le déjeuner est pour ma pomme. Décidément, de nos jours, le talent ne paie plus.

Vendredi 10 h 00 : Intuition paranoïaque

En contrebas, le monde continue son incessant défilé. Mais quelque chose a changé dans l'air. Je le sens. Quelque chose qui suggère des filtres Internet et impose des notes de frais en bonne et due forme. Quelque chose avec une tête rouge, chauve, tout en longueur. Un mauvais relent envahit l'étage. Il gagne les consciences pour ne plus les quitter. Gégé partage mon inquiétude. Il m'apprend que certains logiciels vont jusqu'à calculer la distance parcourue par la souris afin d'estimer la productivité des employés. Je m'imagine en train de faire des ronds dans le vide à longueur de journée ou mieux encore : amener mon vélo, le renverser sur le guidon, tourner la roue arrière à fond et plaquer la souris dessus jusqu'à ce que le compteur du programme mouchard explose.

Le détecteur de fumée me paraît bien volumineux. N'est-ce pas la planque idéale pour une caméra miniature ? Comme dans les films d'espionnage. Fébrile, j'ouvre un document de travail au hasard, tape quelques lignes, compte les caractères, estime ma moyenne horaire, imagine la courbe catastrophique, l'épais dossier sur mon cas, les preuves accablantes de mon inactivité.

Performance, rentabilité, optimisation. Je suis au bord de l'asphyxie. Ce qu'il me faut, c'est une tarte tatin. Bien chaude, avec crème glacée et chantilly. Ensuite, je bosse. Promis. Il y a sûrement un rendez-vous extérieur qui traîne. Voyons voir. En cherchant bien...

Vendredi 16 h 00 : Happening suspect

Comme à chaque pot du vendredi, les clones sont surexcités. Numéro 2 prend son pouce en photo avec un téléphone portable. Numéro 5 imite un cerf-volant. Tout est normal. Sinon la joie crispée d'Annie-les-gros-mollets. Sourire lui est si peu familier, on dirait qu'elle grimace. Martine Marteau se lance dans une blague où il est question de crocodile, de lion et de crocolion. Les rires à gorge déployée m'inquiètent. De la part de notre championne ès bides, un tel succès est des plus inhabituels.

Les conversations en viennent au fameux auditeur. Mes collègues parlent de méthodes rigoureuses, de solutions draconiennes, de don pédagogique. Un vrai désastre. La petite Christelle vient me voir. Vite, un bisou ! Elle s'approche de moi, me chuchote à l'oreille : « Pour le ver de Gégé, le médicament est le Mermagol. »

Rhaaaa ! Même elle cherche à faire son intéressante. C'est la goutte d'eau. Vilain Méga-Man ! Tu t'es mis en tête de me désintégrer mes après-midi dilettantes, mes lectures alexandrines, mes stagiaires lascives ? Gagné, gros nez. Le loup va sortir de sa tanière.

Semaine 4

Lundi 9 h 00 : Un kata, une cata

Personne ne va jamais au débarras parce que personne n'a encore perçu l'intérêt stratégique de cette pièce. Tout d'abord, le lieu est central : on peut y observer les allées et venues par le trou de la serrure. Il y a aussi une grille d'aération qui communique directement avec le bureau du Boss. Judicieux pour écouter les conversations en toute discrétion. Et, en cas d'urgence, il suffit de s'agripper au panneau électrique pour arrêter sauvagement tous les ordinateurs de l'étage. J'imagine Solénoïde poussant un cri suraigu, Annie-les-gros-mollets incapable de relancer le serveur, les clones déambulant hagards, Gégé sortant de sa turne un verre à la main. Tout cela donne sacrément envie.

Enfin un endroit où je peux avoir les coudées franches. Un repaire pour préparer ma contre-attaque. Une cabine téléphonique où revêtir mon costume de super-héros. Je commence le rangement. D'un côté, la réserve de papier, un siège, les archives de la boîte.

De l'autre, l'ancien lavabo, un seau, un vieil aspirateur. Je réquisitionne un carton. Si quelqu'un consulte les vieux clients, il tombera désormais sur une seringue à colle, quelques notes de restaurant et un classeur de références. Petit à petit, le QG devient opérationnel.

Mon opposition à Méga-Man se terminera forcément par un grand combat final. Et, une fois tous les recours épuisés, il me faudra finir le Spectre à mains nues ! Face à moi, droit comme un piquet, mon adversaire paraîtra plus indestructible que jamais. La situation sera désespérée. Heureusement, les dieux seront de mon côté. Je vaincrai en héros fragile mais qui n'a jamais perdu espoir.

Alors, autant commencer l'entraînement dès aujourd'hui. Les yeux plissés, j'improvise quelques mouvements de karaté. Les coups s'enchaînent avec une fluidité impressionnante. Bing les côtes, crac le bras, pouf la tête. Revenant à ma position initiale, j'abaisse les mains, renvoie l'énergie à la terre. Mais la fureur du dragon est toujours en moi ! Les auditeurs sont des salauds et je vais transformer le mien en steak haché sauce kung-fu. D'une voix étouffée, je lance le cri qui tue. Même en chuchotant, ça fait très peur. De la position de la tortue éléphantine, je passe à celle de la loutre fiévreuse. Puis vient l'oreillard sourd, lequel me permet de dérouler la technique tant redoutée de l'impétueux colobe roux de Zanzibar. Mon bassin s'incline. La jambe monte à l'horizontale, le coup de pied est prêt à partir. D'une puissance phénoménale, il produit une telle onde de choc que l'adversaire est instantanément lamellé.

C'est l'imparable figure du double carcajou supersonique. Yhaaa !

Ma chaussure droite traverse la pièce et s'écrase contre la cloison en un bruit rond avant de retomber dans l'évier. Mince ! J'aurais dû faire un double nœud. Quelqu'un va sûrement rappliquer. Je saisis un carton au hasard, attends debout, de profil, mon pied en chaussette caché dans l'alignement du corps. Silence. Personne. Quand même, il y a des fois où l'on se sent un peu con.

Lundi 14 h 00 : Première salve

Le premier objectif est de reconquérir le remboursement des notes de frais. Pour cela, j'ai un plan. Je retourne la souris, ajuste la pointe des ciseaux sur l'œil lumineux et crac ! D'un coup sec, j'explose la cellule optique. Au revoir, petite bête. Dis-toi que ton sacrifice n'est pas inutile. Que le combat commence avec toi.

« Putain de bordel de matériel informatique de merde ! » Sur le coup, Martine Marteau frise l'arrêt cardiaque. Sans lui laisser le temps de reprendre ses esprits, j'exige une souris qui ne me claque pas entre les doigts. Elle essaie de calmer le jeu, fouille dans son armoire, me propose d'envoyer Christelle en acheter une. C'est trop tard. C'est impossible. C'est insupportable. Mon état la terrorise. Impeccable. Car maintenant, j'aimerais poser une question : N'est-ce pas le moment idéal pour ressortir la note de frais de la dernière fois ? Franchement ?

Encore tremblante, elle vérifie les cases une à une. Surtout celle du Boss, dûment complétée. Enfin, dûment imitée par mes soins. Le côté paperasse semble l'apaiser. Pour preuve, elle meuble par quelques phrases d'une banalité affligeante. Comme s'il était normal que je suive sa procédure débilitante.

Il est temps de passer à la deuxième phase, celle du trait d'humour dérivatif. Je lui explique qu'à cause de mes problèmes de dos, il me faudrait un siège de massage semblable à ceux que l'on trouve sur les aires d'autoroute. Elle lève lentement ses yeux mi-clos, me tend un formulaire vierge. Pas un sourire. Pas une réaction. Je suis défait. Dire que j'avais même envisagé d'allonger ce tableur ambulant.

Affronter son sybaritisme bureaucratique, c'est un coup à finir schizo. Schizophrène, schizoïde, schizothymique. Les trois à la fois. À moins qu'il ne s'agisse d'une fine stratégie pour décourager les combinards de mon espèce. Même si, côté notes de frais, la victoire est incontestable, je reviens à mon bureau plus psychasthénique que jamais. Un partout. Balle au centre.

Mardi 9 h 00 : Un relâchement prononcé

Je décide de poursuivre la lutte sur un autre terrain, celui de la perverse Annie-les-gros-mollets. Comme il est impossible de l'aborder sans s'exposer immédiatement à quelque diabolique manipulation, il me faut être frontal. Massif. Total. Avec un argument massue : Méga-Man est cannibale ! Il va la manger. Solénoïde a ramené des herbes de Provence et Martine une énorme friteuse. Gégé prépare le barbecue. Alors, si elle ne veut pas finir en méchoui, elle a intérêt à libérer l'accès Internet au plus vite. Un point c'est tout.

Je m'emporte. Un détour par le débarras ne serait pas superflu. Juste histoire de se décontracter un peu. Et ensuite, je fonce dans le tas.

Des voix étouffées sortent de la grille d'aération. Dans le bureau du Boss, la discussion est animée. Il me semble reconnaître la voix de Numéro 4. Son grand retour ! Je ne saisis que des bribes de conversation mais le Boss a l'air sacrément énervé. Assis sur la chaise, les pieds reposant sur une pile de cartons, je suis les haussements de ton, essayant d'en décrypter le sens, comme lorsqu'on écoute une langue étrangère.

On n'est pas mal, la tête appuyée contre le mur, les jambes à l'horizontale. Je ferme les yeux pour mieux me concentrer. Leurs voix me bercent. Pas de téléphone, pas d'agitation, ce débarras est vraiment le meilleur endroit de l'étage. Surtout les yeux fermés. Quelle cinglerie, cette boîte. Quelle sérénité en ce lieu. Mon corps se relâche. Encore quelques secondes. Encore quelques... Zzz...

Mardi 16 h 00 : Éducation sentimentale

Gégé m'a envoyé par e-mail sa dernière série de clichés. Et depuis une heure, je distille les plus croustillants sur l'imprimante de l'accueil. Après Annie-les-gros-mollets et Martine Marteau, ma troisième salve s'adresse à Solénoïde. Pour l'admiration sans bornes qu'elle porte à Méga-Man. Et parce que c'est une proie facile.

Ce qui m'enchante dans ces infusions picturales, c'est la séquence : impression, silence, gloussement. Inévitablement, la trentenaire attardée sort un « Oh ! » étiré, contraction monosyllabique de : « Oh là là ! Qu'est-ce qu'ils sont polissons, ceux-là ! » C'est son côté pavlovien.

La prochaine est une bimbo cambrée au maximum sur une planche de surf assortie à son string rose fluo. J'envoie l'ordre d'impression. La transmission des données par le réseau me laisse pile le temps de me mettre hors de cause en rejoignant la salle de pause.

Alerte ! Le Boss est à l'accueil ! Que faire ? Couper l'imprimante ? Trop visible. Débrancher le câble ? Trop tard.

Devant le cliché, le Boss reste coi. Coïncidence, Gégé revient de l'open-space. Le patron lui tend la feuille : « C'est à vous ? » Mon acolyte contemple le chef d'œuvre d'un air innocent avant de déclarer avec aplomb : « Elle est trop sur l'avant. Elle va piquer dans la vague. Sauf si elle a pris beaucoup de vitesse. Mais, même avec un *long-board*, ce n'est pas certain qu'elle maintienne l'équilibre : ses bras sont trop près du corps. Sans compter que son pied d'appel n'est pas dans l'alignement. En plus, le bassin est presque de face. Non, décidément, cette photo ne rime à rien. »

Avec dédain, Gégé rend le cliché avant de rejoindre ses appartements. Le Boss prend du recul, se rapproche pour mieux voir, hausse les sourcils, finit par froisser le papier. Chapeau, Gégé. Noyer le poisson avec un tel brio, c'est du grand art.

Semaine 4

Mercredi 11 h 00 : Déduction logique

Un peu d'agitation dans le couloir. Enfin une bonne occasion de lever le nez. Christelle, Solénoïde et Géraldine s'acharnent sur la photocopieuse. La bonne, la cruche et le boudin. Cette fois, la feuille est coincée dans le tambour. Un vrai casse-tête de secrétaire, mais surtout une opportunité que je m'empresse de saisir.

Pas de panique mesdames, me voilà ! De mon assurance masculine, je pose un diagnostic irréfutable : il faut désosser. J'engage le combat, farfouille à qui mieux mieux. Le trio est au spectacle. Puis, les mains noires bien en évidence, je regarde la porte de la salle de pause. Saperlipopette ! Elle est fermée. Une chance sur trois. En termes techniques, cela s'appelle une probabilité. Toutefois, le risque est maîtrisé : Solénoïde est lente d'esprit et Géraldine de corps. Christelle se précipite. Je m'aime.

Ses doigts fins s'affairent sur mes boutons de manchette. Meilleur moment de ces vingt dernières années. Embrasse-moi ! Embrasse-moi ! La réalité me tétanise. Et dire qu'elle est entièrement nue sous ses habits. Prends mes poignets ! Prends mes poignets ! Putain de réalité. Elle ouvre le robinet, me sourit, repart. Mon regard se perd dans son sillage.

C'est tout ? C'est maigre. Je repense à la scène. À ses mains délicates, à ses sourcils parfaitement dessinés. Aucun doute, j'ai loupé le coche. C'était pourtant d'une logique élémentaire : elle m'a souri, donc j'aurais dû l'embrasser.

Mercredi 15 h 00 : Moi, amoureux ?

À l'évocation de mon trouble, Gégé se moque de moi. Il devrait pourtant admettre que mon approche relève d'une grande sagesse. Je contrôle parfaitement la situation. J'accoutume la petite Christelle à ma magnificence. N'est-ce pas le seul moyen pour qu'elle ne soit pas trop impressionnée ? Sans tomber dans le piège ami-ami, je m'en rapproche insensiblement. Jour après jour. Phrase après phrase. Millimètre par millimètre. Jusqu'au moment où... je la saute ! Bordel. Je la saute !

Gégé conjecture : « Tu es amoureux. » Quel con. N'importe quoi. Un grain de peau, un déhanché, deux trois centimètres par-ci par-là, comme si cela pouvait suffire. Après tout, cette demoiselle n'est rien d'autre qu'un amalgame de glucides, lipides, protides. Pas de quoi en faire un fromage. Et puis l'amour, c'est grossier comme concept. Cela oscille entre le biologique, le sociologique, le psychologique. Et encore, je ne parle ni de ma mère ni de ma prime enfance.

Gégé renchérit sur un ton décalé : « Tu dis ça parce que tu es en colère. » D'abord, je ne suis pas en colère (enfin, je ne l'étais pas), et c'est facile d'employer les grands mots. Je la connais à peine. Je m'y intéresse. C'est normal. C'est humain. Peut-être aura-t-on des centres d'intérêt communs. Peut-être pas. Si ça se trouve, elle a une haleine de chameau, du poil plein les jambes, du roquefort entre les orteils. Alors, contrairement à ce que tu crois, cette fille, je m'en tape.

Mon pauvre Gégé, à faire le gamin en niant l'évidence, il y a vraiment des fois où tu exagères.

Jeudi 10 h 00 : Le Grand Œil savait

Le Boss veut me voir. La tuile. Et je ne sais même pas laquelle. Peut-être à cause de la note de frais sur laquelle j'ai imité sa signature. Cela vaudrait mieux que l'inavouable Charte Qualité bâclée pour la grosse commande. Quoi qu'il en soit, tant qu'il n'y aura pas un policier recouvert de yaourt dans son bureau...

Je m'assois, fébrile. Si ça se trouve, le Boss souhaite simplement me montrer sa collection personnelle de surfeuses brésiliennes. On frappe à la porte. C'est Méga-Man ! Le Spectre en personne. Jésus Marie Joseph. Mon compte est bon. Dans un furieux numéro de charcuterie verbale, ils vont s'y mettre à deux pour me découper à coup de petites phrases bien tranchantes. J'imagine une grille surpuissante pour le Loto Cadre avec les expressions : attitude lamentable, échec sur toute la ligne, suites judiciaires, carrière brisée, reconversion dans le jardinage.

Le Boss nous annonce que Numéro 4 quitte la boîte. Je me décontracte en effectuant un discret exercice de respiration. Allez-y, patron, causez. De mon côté, je fais chuter le taux d'adrénaline, relance le cœur, oxygène le cerveau et suis à vous dès que possible.

Le clone est venu mardi, déclarant qu'il avait trouvé mieux ailleurs et que, pendant sa période de préavis, il n'en ferait pas une. Exactement le genre de situation où le Boss ne peut s'empêcher d'être direct :

« Puisqu'il veut se barrer, qu'il se barre ! » lance-t-il. Méga-Man prend des notes. De mon côté, je déroule la procédure habituelle : compassion plein pot. Numéro 4 nous lâche parce qu'on lui propose le double de son salaire, un bureau neuf et le respect en plus. Effectivement, c'est incompréhensible.

Jeudi 18 h 00 : Sauvetage alcoolisé

Certes, les obstacles majeurs ont été contournés. Martine Marteau rembourse nos formulaires bidons et Gégé surfe à nouveau en toute quiétude. Mais nous avons perdu du terrain. Et le départ de Numéro 4 n'arrange rien : c'était l'un de mes meilleurs alibis. Sans compter la surcharge de travail que la vacance de son poste va entraîner. Du travail en plus ? Rien que l'idée me colle une crise d'urticaire carabinée.

Les procédures envahissent l'étage. Le spectral Méga-Man est le messager d'une nouvelle modernité. Elle va nous rouleau-compresser, nous essorer jusqu'à l'os. De nos vies de rebelles, il ne restera bientôt plus qu'une pause réglementaire de cinq minutes, passée à touiller un café dégueu devant un distributeur payant. Nous nous regarderons en silence, des souvenirs plein la tête. Notre époque sera révolue. Nous ne serons plus que les ombres de nous-mêmes.

Abattu par cette sombre perspective, Gégé craque. Il ouvre son armoire, pousse les classeurs, sort du fond de l'étagère sa collection d'alcools : « Nous ne sommes plus chez nous. Il faut partir. S'exiler. » Les bouteilles fleurissent sur le bureau. Je jette un œil inquiet dans le couloir.

Doucement, mon gars ! Rien n'est perdu. Nous allons organiser la résistance. Pourquoi ne te lancerais-tu pas dans les cocktails ? Souviens-toi de ta grande période « dégustation à l'aveugle ». Qu'est-ce qu'on avait rigolé ! Pour commencer, trouve-moi donc un mélange répondant au doux nom de Relieuse Agrafeuse. Invente-moi le Tiroir du Bas. Et l'imbuvable Corbeille à Papiers. Allez, Gégé ! Ressaisis-toi. Au boulot. Sers-moi donc un Fax.

Vendredi 9 h 00 : Le rat quitte le navire

Dernière journée pour Numéro 4. À force de mielleuses attentions, l'équipe confère à l'événement un arrière-goût d'enterrement. Bonjour l'ambiance. Martine Marteau a préparé un récapitulatif *post mortem* des factures dues et Géraldine un cadeau d'adieu : une boule anti-stress à malaxer quand la tension monte, c'est-à-dire à peu près tout le temps. Solénoïde en est à son deuxième paquet de mouchoirs. Comme d'habitude avec elle, je ne trouve pas les mots. Elle est *au-delà*.

Me croisant dans le couloir, Numéro 4 ne peut s'empêcher d'entamer un laïus sur notre bonne collaboration. Là, il me cherche. Stoïque, je lui demande s'il a retrouvé son classeur de références. La claque ! Il s'effondre aussitôt ! Ce n'est même pas drôle. Les lèvres tremblantes, il me lâche qu'il a toujours cru que je l'avais subtilisé. Si j'avoue, il comprendra qu'il a été le dindon de la farce. Mais si je nie, il se demandera éternellement où est le fameux classeur. Entre les deux mon cœur balance. Et pourquoi ne pas laisser sa psyché choisir son propre supplice ? Je hausse les épaules, tourne les talons, repars sans plus d'explication.

Face à mon silence, il reste cloué, telle une cocotte-minute au bord de l'explosion. Plus que quelques mètres jusqu'à mon bureau. Jusqu'au virage serré qui me permettra de jeter un œil sur notre psychorigide. Simplement histoire de vérifier qu'il n'a entre les mains ni fusil à pompe, ni hache, ni ceinture d'explosifs. D'avance merci.

Vendredi 16 h 00 : Un pot passablement arrosé

Je ne sais pas ce qui m'a pris, sans doute un vieux relent humaniste mal placé, j'ai profité de la pause de midi pour ramener une caisse champenoise. Quand les collègues me voient débarquer avec gâteaux secs et bouteilles à gogo, ils tirent des tronches mimollettes où brillent des yeux de merlans frits. Allons ! Il faut bien le fêter, ce départ.

Finalement, même le Boss vient au pot. Solénoïde n'arrête pas de trouver mon idée géniale. Je me lance dans un speech du tonnerre sur les rencontres et les séparations, que c'est ça la vie, qu'il faut aller de l'avant, regarder le soleil en face, monter à sa rencontre quitte à se brûler les ailes et se défoncer au bureau du matin au soir.

Tout le monde a l'air bien content, surtout lorsque je fais sauter le premier bouchon. Une demi-heure plus tard, les femmes sont pompettes, les clones repartent bosser, Numéro 4 discute décontracté de son nouveau job. Gégé et moi-même sommes sacrément torchés. Nous buvons pour oublier. Pour oublier qu'avec le mystérieux Méga-Man, rien n'est encore gagné.

Semaine 5

Lundi 9 h 00 : Incubateur maison

J'ai d'abord cru que les nausées étaient liées au pot de vendredi. Mais, entre les courbatures, les ganglions et maintenant la fièvre, il faut se rendre à l'évidence : me voilà transformé en croisière cinq étoiles pour virus de la grippe. À peine arrivé, déjà en nage, je rampe jusqu'à mon bureau où j'agonise dans de terribles souffrances. À l'intérieur des yeux, derrière le nombril, au tréfonds des rotules, sous la pulpe des doigts, j'ai mal.

Le phénomène devient inquiétant : j'éprouve une sensation de chaud et de froid en même temps. Soit l'instant est historique car je viens de découvrir le premier contre-exemple à notre sacro-sainte logique, soit je suis vraiment en train d'y passer ! Ne nous affolons pas. Après tout, la douleur n'est qu'un signal électrochimique. Un bulletin d'information à usage interne. Rien de plus.

Puisque la chose est mentale, il faut la vaincre mentalement. Je ferme les yeux, laisse l'influx nerveux se perdre en moi. Je suis léger. Je suis un oiseau. La plume d'un oiseau. Le filament d'une plume. Je tournoie dans les airs, reviens en rase-mottes au milieu des feuilles, en un coup surplombant les champs de blé, les neiges éternelles, les chemins de terre, l'herbe folle.

Avant de succomber, j'ai une ultime requête : faire partager ces ineffables instants de bonheur à mon cher ami Méga-Man. Rassemblant mes dernières forces, je titube jusqu'à la salle de réunion. Le Spectre n'est pas encore arrivé. La contamination peut commencer. J'attaque par une séance d'apposition de mains moites. Puis, tout en faisant de grands moulinets avec les bras, je déclame en postillonnant au maximum : « Patate, polio, pignouf, palmipède, pingouin, parapluie. » Je trempe mon visage dans les sièges, me sers de mon front comme d'un rouleau à pâtisserie, bave généreusement sur les accoudoirs. Tout ça, c'est cadeau.

Certains utilisent des mouchoirs en papier. D'autres, de vulgaires bouts de tissu. Moi, je me mouche directement sur la table de réunion. Six mètres carrés pour mes narines, une vraie piste olympique ! Enfin, mon Dieu, protégez-nous, j'ai mon premier rapport buccal avec une poignée de porte. Une fois l'acte accompli, je me relève, encore sous le charme de cette troublante expérience métallique. Il me reste juste assez de salive pour commander au bar de Gégé le grog de la victoire.

Lundi 15 h 00 : Un crash titanesque

Passé les quarante degrés centigrades, je suis une paille dans un ruisseau, un flocon en plein hiver, une poussière dans le vent. J'entrouvre un œil ras le bureau. La petite Christelle entre. Oh ! C'est beau ! Le paysage danse autour d'elle et mon calvaire se borde de fleurs. Je lui souris béatement. De son côté, le spectacle doit plutôt ressembler à une tête de zombie sortant de sa crypte avec pour seul maquillage les motifs de mon pull incrustés sur le front. Je me redresse, manque de perdre connaissance. Mais où est passé mon sang ?

Je me masse le visage, essaie de retrouver un peu de lucidité, furète des yeux le *Zarathoustra* sur mon bureau terrain vague. Tout se percute maladroitement : les moqueries de Gégé, ma timidité maladive, la fiesta des virus, les saisons qui défilent. Cruel destin ! Elle vient me déclarer sa flamme pile le jour où je suis dans l'incapacité de... Il faut trouver une parade, différer sa demande en mariage, me rendre momentanément insaisissable. Je prends courageusement les devants : « Sachez que je ne vous aime pas beaucoup. »

Elle repart sans un mot. Impossible de réagir. Ça tourne trop. Mais, au fait, pourquoi est-elle venue ? Il y avait le mot « beaucoup » dans ma phrase. Elle a entendu le mot « beaucoup » ? C'était peut-être un peu sec comme entrée en matière. Je hume l'air. Une vague impression. Rien de bien consistant. Plutôt de l'ordre de l'intuition. Un sentiment d'avoir dit quelque chose d'un peu maladroit. De juste un peu merdique.

La vie, moi, je trouve ça cool. Surtout les tempêtes. D'ailleurs, je guette la prochaine avec impatience. Pour que sous une pluie battante, un ciel zébré d'éclairs, un vacarme de tous les diables, je puisse m'enfuir dans la nuit en hurlant : « Je suis maudit ! »

Mardi 11 h 50 : Séance de rattrapage

Adossé contre le mur du couloir, j'attends que l'ingénue délaisse ses compagnons pour tirer quelques photocopies, peser le courrier, préparer le café ou remplir d'autres tâches incombant à son statut de stagiaire. Depuis mon poste, je surveille aussi Gégé qui clique frénétiquement sur sa souris, une main sous le bureau. Vachement louche. Soudain, la petite Christelle sort des bois. Elle me considère un instant puis caracole en salle de pause avant d'en revenir tout aussi lestement. J'ai raté le coche. Il me faut prendre les devants. Je décide de faire appel à mon joker : le *Zarathoustra*.

Rien ne va plus, mesdames, messieurs; faites vos jeux. Vais-je encore me vautrer? L'essai sera-t-il transformé? Peut-on espérer un premier baiser? Et pourquoi pas une grande déclaration? À quand les pauses câlines dans le débarras? Souple sur mes appuis, je franchis l'étage sans encombre. Direction le bureau de Christelle et Géraldine. Le pouls est calme. Aucun tremblement. Je suis cool.

D'entrée, Géraldine me fait les gros yeux. Vu la taille de sa tête, ce sont de vraies boules de pétanque. Sans être expert en phrénologie, une telle boîte crânienne devrait lui laisser assez de place pour un peu plus d'indulgence. C'est vrai, quoi ! Si je drague les stagiaires, elle me considère comme un vicieux. Mais si je les boude, j'ai droit au regard qui tue. J'ai déjà envie de partir. Accroche-toi, mon coco. Pense fesses merveilleuses et caresses enchanteresses. Pense courbes délicieuses et seins frétillants te disant gaiement : « Bonjour ! »

Christelle ignore ma présence. Je lui tends le bouquin, l'air de rien, comme s'il était normal d'offrir un *Zarathoustra* en ces lieux. Elle me remercie d'un ton hermétique. J'hésite à l'embrasser, me rabats sur un sourire plat. Ce n'est pas gagné. Ce n'est pas perdu. Alors que je repasse par l'accueil, Solénoïde me regarde en coin. Décidément, les nouvelles vont vite. Mais si la standardiste me fait la moindre réflexion, je la boxe.

Mardi 14 h 00 : Un putsch salvateur

À cette allure, mon portrait illustrera bientôt le livre des records à la page des plus grands fiascos amoureux : « Grand Maître International du flop, il fonda sa propre école de la veste, travaillant la technique du râteau à la Nietzsche, le bide au *Zarathoustra* et son célébrissime auto-plantage verbal. » Quelle postérité ! Pour me changer les idées, je prends la place laissée vacante par Numéro 4 à la formation « conduite de réunion ». Au moins, cela me changera les idées.

Enthousiasme frénétique, blagues de comptoir, crème autobronzante, me voilà cerné par les clones. L'animatrice est une excitée de première. Elle nous déroule ses concepts basiques comme si nous étions des demeurés. Mes voisins prennent des notes à fond de train. Puis, vient l'incontournable mise en situation. L'exercice du jour se base sur une série de mots : amour, argent, famille, santé, etc. Le groupe doit simuler une réunion afin d'établir un classement des mots par ordre d'importance. Mes camarades sont enthousiastes. L'idée d'être celui qui imposera ses choix aux autres les motive tout autant qu'elle me consterne. À bâtons rompus, ils discutent déjà procédures, situations, solutions.

Personne ne se soucie de ma présence. Je commence même à m'assoupir lorsque Numéro 3 me demande d'approuver leur organigramme décisionnel. Leur quoi ? Non mais je rêve ! Qu'ils aillent se faire foutre avec leur symposium masturbatoire ! Il est bien évidemment impossible de s'entendre sur ce genre de sujet. En quelques mots, je fais valser leur belle organisation, distribuant les arguments comme on distribue des baffes : les règles de ce jeu sont stupides, l'esprit critique vital à l'entreprise, leur attitude de soumission dangereuse.

Désemparée, l'animatrice me rappelle l'impératif de consensus. Aucun problème, je l'obtiens en quelques minutes. Tout le monde est d'accord pour arrêter le jeu et faire une première pause. Elle quitte la salle au bord des larmes. Je m'éclipse. Mon seul regret est de ne pas assister au dépouillement, lorsqu'elle tombera sur mon classement personnalisé : « turpitude, casserole, pétale, banane, électrochoc ».

Mercredi 9 h 00 : Les critères de recrutement

« Il paraît que vous avez joué les durs ? » Aïe ! Le Boss est déjà au courant. Profitant de son ascendant psychologique, il me colle le recrutement du successeur de Numéro 4. Compte tenu de la charge de travail, la mission doit être bouclée pour avant-hier. Je téléphone dare-dare à mon recruteur préféré qui met une pression d'enfer sur sa secrétaire, laquelle s'empresse de convoquer illico les candidats. C'est la théorie du chaos vertical : un simple battement de paupières du Boss peut se transformer en ouragan aux niveaux inférieurs.

Bien entendu, notre Boss veut la crème de la crème. Le meilleur des meilleurs. La quintessence issue d'une sélection impitoyable. Un véritable *killer* de la Charte Qualité. Et je pense exactement l'inverse. La compétition n'est qu'une façon mal déguisée d'instaurer un système dominants-dominés. De serrer la vis. De durcir la société jusqu'à ce qu'elle en devienne invivable.

Contre l'ordre établi, je lutte. Selon moi, la sélection doit se faire de façon poétique. En assumant son côté arbitraire. Pourquoi ne pas sélectionner les postulants en fonction de leurs connaissances en matière de canard à l'orange ? Ce ne sera jamais pire que l'astrologie, la graphologie, la morphopsychologie et autres méthodes savantes.

Sur le pas de la porte, le Boss ajoute : « N'oubliez pas de consulter notre auditeur. Il a redéfini le poste. » Je n'en reviens pas. Que Méga-Man grignote nos loisirs est une chose. Qu'il s'attaque à nos critères de recrutement en est une autre. Car c'est bien de l'identité de la boîte qu'il s'agit. Mais où diable l'auditeur veut-il en venir ?

Mercredi 14 h 00 : Méga-Man humaniste

Une dernière prière et je pars affronter le Spectre. Enfin, ce qu'il en reste. Car mes émissaires microscopiques ont dû sacrément entamer la bête. Sûr de mon verbe, je m'en vais le jeter bas : Hola ! Fi ! Troll pelé ! As-tu apprécié mon offrande virale ? Après quelques heures de macération, as-tu trouvé la salle infestée d'orques ? Une ou deux goules t'ont-elles sauté à la gorge ? Et ma trace baveuse, s'est-elle mutée en horde de striges ? Oups ! Attention ! Il reste quelques gnomes sous ton siège. Vois ton piteux état. Les pouvoirs de ta calculatrice magique ne te sont plus d'aucune utilité. Car maintenant, c'est la damnation éternelle qui t'attend. Yéti !

« Non, je suis rarement malade. » Sa tête oblongue me regarde, souriante. Raté. Il me tend la fiche de poste. Le salaire est misérable. « Oui, mais il y a les formations. » La voilà, sa philosophie humaniste. Celle du tout entreprise. S'épanouir au travail, c'est s'épanouir dans la vie. Plus de frontière. On achète directement l'être. On l'envahit. Il fait partie du *team*. Il doit être *corporate*. On rabiote ses week-ends. On monopolise son esprit. On en fait un élément de croissance continue. Modérée mais continue. Et à la fin, cela donne quoi ? Des clones fanatiques de cerf-volant.

Enchanté de ma visite, l'esseulé du bout du couloir veut sympathiser. Il est temps de battre en retraite. Prétextant l'urgence du recrutement, j'amorce ma fuite. Mais le Spectre trouve le moyen d'ajouter comme un code entre amis, une tape dans le dos, un clin d'œil complice, comme s'il y avait la moindre espèce de début de quelque chose entre nous : « Relève le challenge ! » C'est le plus mauvais jour de ma vie.

Jeudi 9 h 00 : Le CV basket

D'accord, je vais le relever, ton challenge. À ma façon. La sélection sera draconienne. Le jury impitoyable. Je propose à Gégé un match. Précautionneux, mon pote me demande : « Parmi les candidats, est-ce qu'il y a des minettes sympas ? Que des moches ? Alors, va pour un CV basket. »

Je jette la pile de candidatures en l'air. Une pluie de papiers retombe dans la pièce. Je me baisse, saisis la première feuille, en fais une boule et, sans bouger de ma place (c'est la règle), vise la corbeille. Panier. Un zéro. Au tour de mon pote. *Bank shoot*. Égalité. La compétition prend son rythme de croisière. Gégé privilégie les tirs à deux mains, façon lancer franc. De mon côté, je me régale dans les *back rolls* et autres *alley oops*. Soudain, mon acolyte tombe sur une divorcée sans enfant. Troublé, il pond un mauvais *air ball*. J'en profite pour aligner quelques *dunks* de toute beauté. Au quatrième quart-temps, Gégé est débordé dans tous les compartiments du jeu. Restant concentré, je froisse les feuilles sans même jeter un œil sur leur contenu. Et le sérieux finit par payer. Je score au maximum.

Pourquoi froisser les CV ? Pour les améliorer, pardi ! D'origine, ils sont plats, impersonnels, formatés. Comme si leurs auteurs voulaient nous dire : « Regardez à quel point je suis insignifiant. J'ai suivi le modèle à la lettre. Pas un caractère qui dépasse. Je suis supersoumis. » Le CV basket est la façon la plus efficace que nous ayons trouvée pour leur redonner un peu de relief.

Nous ramassons les paniers manqués, commençons le dépouillage. Les survivants forment un assortiment de quelques autodidactes (il n'y a pas mieux pour foutre le bordel), deux ou trois briscards (avec qui se taper la cloche), un parfait looser (visiblement amateur de grands crus), un littéraire (pour les formules de politesse) et une brouette de nanas tartes. Bon appétit.

Jeudi 15 h 00 : Robert Houdin

Le premier candidat est d'une pâleur cadavérique. Lorsque je lui demande s'il craint les rayons du soleil, il feint de ne pas comprendre ma question. L'amateur de grands vins a un nez encore plus rouge que sur son CV. Lui aussi ne décroche pas un sourire. Lorsque le troisième entre, c'est tout juste si je ne sors pas le mouchoir. Quant au quatrième, il part de lui-même, juste après avoir pris connaissance du niveau de rémunération.

Dans le fond, recruter c'est comme rencontrer une fille. Dès les premières secondes, on est fixé. Le faciès, l'attitude, la manière de se mouvoir, tout est langage. Mais, en dépit de cette évidence, les candidats ont le désagréable réflexe de se réfugier derrière une affligeante austérité. Ils meublent en sortant quelques obscénités (motivation, carrière, épanouissement) sans réaliser qu'au milieu de ce fracas verbal, il y a un petit être en eux qui nous parle. Il nous raconte son histoire, ses misères, s'il est heureux, après quoi il court. J'ai envie de leur dire d'arrêter leur char. Rien à faire. Leurs bruits de bouche me saoulent. Alors, pour leur laisser une chance d'être eux-mêmes, je n'ai d'autre choix que de les déstabiliser en sortant une grosse connerie : « D'après vous, la notion du veau est-elle abstraite ? » Allez-y. Existez !

Les visages défilent dans une version cadre sup des *Temps modernes* où j'incarne une clef à molette géante vissant et dévissant les têtes à toute allure. Jusqu'au sympathique Robert Houdin. Comme hobby, il prétend faire de la magie. Je lui demande une démonstration. Pas de problème, il avale un stylo sur-le-champ. Diantre ! Peu importe ce qu'il vaut côté boulot. Même s'il risque de nous coûter cher en papeterie, avec lui, on va bien se marrer. Je lui demande où le stylo est passé. Il ne craque pas. Voilà quelqu'un de méritant. Peut-être l'a-t-il vraiment avalé ? Dans les jours à venir, je m'attends à tomber sur une torpille nouveau modèle, parfaitement rectiligne et terminée par un petit capuchon bleu.

Vendredi 9 h 00 : Pandémie à l'étage

Absorbé par mon infortune virale, je n'avais pas saisi l'ampleur du fléau qui s'abat sur la boîte. Les paquets de mouchoirs fleurissent, les corbeilles se remplissent, c'est Noël. Numéro 5 s'est même mis en arrêt maladie. Personnellement, je préfère garder l'option pour quelques congés discrets. Et puis, venir travailler alors qu'on agonise force le respect de l'équipe. Je repense à mon superbe speech de vendredi au cours duquel j'ai copieusement arrosé l'auditoire de postillons bénits. Alléluia !

Gégé est dans un état pitoyable. L'ayant aperçu dans le couloir une casserole d'eau bouillante à la main, je le soupçonne de faire ses fumigations dans son bureau. Avec serviette sur la tête et tout le bazar. Dans le couloir, je croise un plat étrange. Ça a l'aspect d'une tartiflette, la couleur d'une tartiflette, l'odeur d'une tartiflette, mais ce n'est pas une tartiflette. C'est Annie-les-gros-mollets à l'article de la mort. Comme notre championne de la névrose passe son temps à geindre, difficile de savoir ce que cache sa tête gratinée.

Martine Marteau n'en mène pas large non plus. Convoyant avec difficulté quelques feuillets à la photocopieuse, elle trouve juste assez de force pour me dire d'une voix 33 tours : « Pooaaas de noooote de fraaaaiiiis. » Si elle ralentit encore, elle part à reculons et sa voix fait du smurf. Sur un ton amusé, je lui lance : « Relève le challenge ! » Elle me sourit ! Misère. Elle a pris ma boutade au premier degré.

Revenant à l'accueil, je me rabats sur une valeur sûre : Solénoïde. « Relève le challenge ! » Le visage de la standardiste s'illumine. Elle me lance enthousiaste : « Ooouuuuiiii ! » Je suis estomaqué.

À grand-peine, je rejoins le bar de Gégé. Transcendantalement désespéré, je tente mon pote : « Relève le challenge ! » La réponse est immédiate : « Un double pour mon ami, un double. » Ouf ! Sauvé.

Vendredi 16 h 00 : Syndrome Gilles de l'Amourette

Chère Christelle,

De grandes envolées chromatiques, un phrasé à vous faire frémir, un legato parfait, un vibrato point trop n'en faut, cela je sais le faire. Des blagues à n'en plus pouvoir, avec une facilité déconcertante. Mais vous parler, je n'y arrive pas. Je reste muet. Désarmé. Sans pouvoir même ânonner un simple « je suis ». Les mots sont trop gros. Vous êtes trop fragile. Je suis trop timide.

Au pot de vendredi, verre à la main, je me statufie. Vous n'y êtes pas. La grippe, m'a-t-on dit. Thon. Depuis ce matin, je me réfugiais dans l'espoir de retrouver vos yeux étincelants, votre sourire enchanteur, votre bouche angélique. Bouse. Cette malencontreuse épidémie ne vous aura donc pas épargnée. Je n'ose imaginer que vous eussiez préféré d'autres cieux au nôtre. Salope.

Notre pétillante Solénoïde nous explique que son Mozart est sensible aux phases de la lune. Depuis quelques jours, il est moins attentif aux informations télévisées. Pétasse. La standardiste nous propose une dégustation de cafés à la mangue et au kiwi. Que n'avez-vous loupé ! Putasse. Les plaisanteries vont bon train. Ne laissant rien paraître de ma peine, je distille même quelques bons mots.

Mais sans vous, ces lieux sont inhabités. Pouffiasse. Saucisse poilue. Andouillette persillée. Éponge goudronnée. Haleine de pneu crevé. Foie de morue avarié. Pisse de dromadaire décalcifié. Sac à patates cataplectique. Psoriasis canin épizootique. Fesse de mouette neurasthénique. Comment vous le dire autrement ?

Je vous aime.

Semaine 6

Lundi 10 h 00 : Stratégie millimétrique

En me plongeant dans ses yeux, je me suis auto-planté un couteau profond et, chaque fois que je croise sa jolie frimousse, il remue dans tous les sens. J'en parle à Gégé. Il me sert immédiatement un cocktail de sa composition : le Trombone (tequila, jus d'orange, grenadine). Je lui dis que nous vivons dans un monde merdique. Il répond que j'ai un sacré retard dans mon boulot. Manquerait plus que je sois le torpilleur fou ou que j'invite Méga-Man à dîner un soir à la maison.

Je fais un saut chez le fleuriste, en ramène une azalée, la dispose sur mon meuble bas. À un moment ou à un autre, la petite Christelle tombera dessus. Elle ne pourra s'empêcher de la trouver belle. C'est mathématique : elle sera piégée. Le subconscient, mes amis, tout est là ! Transformer son monde petit à petit. Trop subtilement pour qu'elle s'en rende compte mais suffisamment pour qu'elle en ressente les effets. Un jour, elle se réveille, se lève, déjeune, vient travailler et, sans comprendre ni comment ni pourquoi, elle pense à moi.

Quand elle marche dans la rue, je suis cet immense visage dans le ciel. Quand elle regarde autour d'elle, je suis l'organiste qui actionne les éléments du décor. Mon domaine est celui de la finesse, mon geste invisible. À coup de petites attentions, comme le boulanger pétrit sa pâte, je modèle son esprit. Et je tiens son cœur dans ma main. Car, même si elle ne le sait pas encore, elle est déjà amoureuse.

À la pause, Martine Marteau me demande qui m'a offert le végétal. Assez fort pour que tout le monde l'entende. Pure jalousie féminine. Pris de court, j'explique qu'il s'agit d'une initiative personnelle pour lutter contre l'assoupissement intellectuel. Oui, madame. Murs blanc cassé, mobilier gris, moquette sombre, nous rampons dans un paysage fade. Il en résulte une baisse de la créativité, de l'esprit critique, de la motivation. Cette azalée vise à contrer ces effets négatifs en positivant notre environnement.

Numéro 2 trouve l'idée excellente. Il enregistre l'adresse du fleuriste sur sa montre dictaphone. Numéro 3 se propose de l'accompagner. Numéro 6 suit le mouvement. À ce rythme, la boîte va bientôt se transformer en jardin d'acclimatation. J'imagine les azalées pullulant sur la photocopieuse, dans les armoires, sur la cuvette des toilettes. Ma singularité horticole se noiera dans la masse. Mon message subliminal passera à la trappe. Pour séduire la petite Christelle, je devrai me distinguer à nouveau. En semant une termitière dans mon bureau. En faisant un élevage de limaces. Ou, pourquoi pas, en adoptant un bébé girafe.

Lundi 14 h 00 : Effet de transparence

Gégé passe dans le couloir, très digne. Ses bretelles traînent derrière lui. Il me souffle : « C'est un test ! » Gégé dans ses œuvres. Quelques minutes plus tard, le cortège solitaire revient sur ses pas, sans un mot.

Je retrouve mon pote affalé sur son fauteuil. Personne n'a remarqué sa facétie. Il interprète ce flop comme une dramatique révélation. Mais non, Gégé ! Ne te fais pas un tel mouron. Regarde : je défais ma cravate et m'en fais un collier post-moderne. Tu vas voir si mon accoutrement passe inaperçu.

Martine Marteau est en plein calcul. Sur un ton énigmatique, je lui susurre : « Tu ne remarques rien ? » Sans même lever les yeux, elle me répond : « Si, toi. » Sans aller jusqu'à la magnifique crise d'hystérie, les circonstances appellent quand même un léger répondant. Zéro absolu. La volaille réfrigérante reste imperturbable. Du côté des clones, mon tour de piste ne suscite pas plus d'intérêt. Même Annie-les-gros-mollets ne me prête pas la moindre attention.

Gégé avait raison. Les collègues courent autour de nous, nous gesticulons avec eux mais il faut se rendre à l'évidence : nos conneries se transforment en clowneries, et bientôt en cloneries. Nous devenons transparents. Méga-Man n'a même pas à nous contrer : il nous gomme.

Notre erreur a été de nous embourber dans une guerre de position. Il nous faut désormais ouvrir le jeu. Combattre le Spectre sur son propre terrain. Nous devons déstabiliser la boîte. Foutre un bordel sans nom que même le Boss n'y comprendra plus rien.

Revigoré, Gégé extirpe de l'étagère du haut un cédérom entièrement noir. Le cadeau d'un de ses admirateurs, paraît-il. Une nouveauté terrible. Une arme imparable. Un virus informatique. Prenant un regard inquiétant, mon pote brandit l'objet à la hauteur de son visage : « Méga-Man n'est pas la réponse. Méga-Man est la question. Et ma réponse est ceci ! Demain matin, je vais contaminer les ordinateurs un par un. Sauvegarde tes données. Serre ton bandeau. Fais briller ton sabre de samouraï. Je prépare le saké. »

Mardi 8 h 43 : Zizanie numérique

Un gémissement s'élève du couloir. Solénoïde est en état de choc. Elle répète : « Ça l'a mangé ! Ça l'a mangé ! » Alors que je lui propose un exercice de respiration, une autre sirène se met en marche. Géraldine nous sort un grandissime : « Putaiiiin ! C'est quoi ce machin ? » Au même moment, Annie-les-gros-mollets nous rejoint, silencieuse. Son visage cortisone est encore plus jaune que d'habitude.

En cinq minutes, plus personne ne bosse. Le staff a besoin d'en parler. De mettre des mots. J'ouvre d'urgence la cellule de soutien psychologique, donne la parole à Martine Marteau. Vas-y, le groupe t'écoute : « Une petite bête est venue sur mon écran. Elle m'a regardée d'un air méchant puis s'est ruée sur les notes de frais. Le temps de réaliser, elle en avait déjà gobé trois. J'ai essayé de la poursuivre avec ma souris. Elle s'est enfuie à toute vitesse. »

Solénoïde, toujours devant son écran, bêle : « Maman ! Elle revient ! » Hallucinant. Un Pacman rouge parcourt l'écran, gueule grande ouverte. « Clique dessus ! » lance Numéro 6. Notre standardiste pilote sa souris. La poursuite s'engage entre la corbeille et quelques lettres clients. Le virus fonce mais Solénoïde est dans son élément. Clic ! La bête pousse un cri et disparaît. « Je l'ai eue ! Je l'ai eue ! J'ai sauvé les fichiers ! » Elle en a les larmes aux yeux. Numéro 3 arrive blême. Son répertoire des blagues de Toto vient d'être digéré. Le virus était trop rapide. Il n'a rien pu faire. Avec solennité, j'adresse à mon confrère mes plus respectueuses condoléances.

Mardi 14 h 00 : Le nettoyeur

Le Boss assure à Méga-Man qu'un tel foutoir ne s'était encore jamais produit. Gégé au bord du fou rire doit battre en retraite. Impavide, le Spectre dégaine son portable et appelle un mystérieux inconnu : « C'est moi. J'ai besoin de vous. Oui. Tout de suite. » Fin de la transmission. Belle démonstration de pragmatisme.

Solénoïde est la seule à ne pas avoir éteint son ordinateur. Elle a capturé trois monstres mais le quatrième vient de gober son répertoire téléphonique. Le reste de l'équipe est revenu à l'ère du papier. Numéro 2 se plaint de ne plus savoir écrire. Numéro 5 demande où est « le correcteur orthographique manuel ». Tout le monde attend la venue du messie.

Petit, presque miniature, les cheveux gras, des culots de bouteilles devant les yeux, voilà notre sauveur. Toujours classe en ce genre de circonstances, le Boss l'accueille avec cordialité : « Bonjour, je suis enchanté de faire votre connaissance. » La réponse est radicale : « Pareil. » Encore un cas.

L'énergumène s'installe devant l'ordinateur de Solénoïde. Il est si voûté que son dos forme presque un angle droit. À peine le croqueur apparaît-il qu'Œil-de-Mouche le pulvérise en cliquant directement dessus. Sa voix nasillarde aux intonations métalliques me donne la chair de poule : « C'est une version hybride. Un virus dégénéré, entre *Deep Marylin* et *Maniac Grabber*. »

À toute vitesse, il tape des commandes dans des fenêtres noires et moches. Il répète en boucle : « N'importe quoi. » Le réseau, l'architecture, la sauvegarde, avec lui tout est n'importe quoi. J'ai bien envie de lui rétorquer : « Tes *n'importe quoi*, c'est n'importe quoi. » Mais à quoi bon ? Je ne fais pas partie du système. Son monde s'est refermé sur lui depuis longtemps. Code machine et café moulu à la cuillère, plongé dans les entrailles du processeur, entre routines, commandes, objets, des lignes à l'infini, l'esthétique logique, l'orgasme mathématique, ce type me donne la nausée. L'anti-champ de coquelicots par excellence.

Surtout lorsqu'il déclare que nous serons vite fixés sur le coupable. Sueurs froides en tournée générale. L'informaticien passe sur le poste de Géraldine, revient au premier, en essaie un troisième. Au bout d'un moment, il débite : « Erreur système.

Comprends pas. Virus de partout. Une nouvelle génération. Un code mutant. » D'origine extraterrestre, bien sûr.

Vers dix-sept heures, tout rentre enfin dans l'ordre. Martine Marteau désinfecte son siège. Solénoïde a repris en main sa chère souris. Gégé envoie un e-mail de remerciement à l'autre bout du monde. Et Méga-Man raccompagne la bestiole à lunettes. Une bien belle journée de travail.

Mercredi 9 h 00 : Solénoïde joue SM

Je n'en reviens pas. Solénoïde est venue travailler en *fashion victim*, habillée grande surface de la tête aux pieds. Le détail qui tue, ce sont ses bottes en cuir noir assorties à son sac à main. D'un mauvais goût absolu. On frise le crime contre l'humanité. Compatissant, je lance à notre apprentie coquette un amical : « Alors, SM ? »

« Elles s'aiment ? Bien sûr qu'elles ont le droit de s'aimer. » À l'évidence, mon interlocutrice n'a pas percuté. « Non, je te demande si, avec tout ce cuir, tu te la joues SM. » Elle marque un temps d'arrêt. On sent le neurone qui patine. Puis, d'une voix peu assurée, elle me répond : « Oui... oui... Je joue SM. »

Prodigieux ! J'appelle Gégé : « Viens voir. Solénoïde joue SM. » La standardiste prend de l'assurance, se dandine sur sa chaise. Mon pote l'examine de la tête aux pieds et confirme en ravalant sa salive. Effectivement, Solénoïde joue SM. « Mais enfin, ça veut dire quoi votre truc ? » Et là, du tac au tac, Gégé royal : « Ça dépend de ce que tu aimes dans le sadomaso. Tu fais quoi avec ton sac ? Tu t'en fais un string ? Tu te le mets sur la tête ? Les deux à la fois ? »

Notre ingénue est désemparée. Elle ne comprend pas en quoi se faire du mal puisse être source de plaisir. Émoustillé, Gégé en appelle à ses connaissances expertes. Dossiers spéciaux, répertoires cachés, noms inquiétants, il parle de donjons, de pinces à linge, d'interminables attentes. « C'est comme le bricolage, précise-t-il. Il faut avoir du bon matériel. Sinon, on en reste à la canette de bière dans le... » Stop Gégé ! Pas ça. La quête du Graal demande bien des sacrifices mais, pour une fois, je préfère ne pas savoir. Garder un zeste de romantisme. Un soupçon d'ignorance. Une pincée de Solénoïde.

Mercredi 15 h 00 : Prison mentale

Numéro 3 n'est pas simplement dadais. Il est grand. La bouche entrouverte, un léger courant d'air entre les oreilles, il m'explique que le virus informatique a ruiné ses statistiques hebdomadaires. Tout lui pèse : le prêt immobilier, la promesse de voyage faite à sa femme, sans compter la nouvelle voiture. Il me dit franco qu'il aimerait changer de vie. Lueur d'espoir ? Même pas ! L'abruti me sort ça comme on demande le sucre. Il me fait sa crise existentielle le temps d'un café. Dans cinq minutes, il aura tout remballé et nous fera du chiffre dare-dare. Et ça, ça me fout par terre.

Je me le fais à quelle sauce ? Oui, tu as foiré les trente premières années de ta vie et même quand tu déprimes, tu n'es pas crédible. Vois-tu, ce genre d'état d'âme nécessite un hautbois, des violons, tout un orchestre mais ce que tu me sors là, c'est une musique d'ascenseur façon mélodica. D'ailleurs, vu comme c'est parti, tu es même capable de rater ton suicide.

Le clone attend de moi une solution. Une recette. Comme si l'on pouvait résumer la question du sens en quelques mots bien frappés. Bien sûr, je pourrais lui dire que son angoisse est issue de sa psyché. Qu'elle participe au grand équilibre qui lui évite de sombrer dans la folie. Mais c'est des coups à ce qu'il me fasse un transfert du tonnerre et me serine ensuite pour la moindre broutille.

Dans dix ans, il sortira les mêmes conneries. Alors, autant en profiter pour avancer mon enquête sur le torpilleur fou : « T'inquiète pas. Tu t'en sors très bien. Souvent, ces passages à vide sont liés à une petite carence alimentaire. Tu te nourris correctement ? Tu as souvent mal au ventre ? Tu vas régulièrement à la selle ? »

Mon interlocuteur a le souci de la réponse exacte. Il me brosse un historique complet de sa vie intérieure. Je hoche la tête, lui donne une tape amicale sur l'épaule et le renvoie bosser. À en croire ses dires, Numéro 3 n'est pas le coupable des odieux largages. Même si, avec son fessier en forme de marmite, le doute subsiste.

Jeudi 10 h 00 : Une mort à petit feu

Premier jour pour Robert Houdin. Lunettes en plastique, chemise blanche, cartable noir. La panoplie complète du petit écolier. À la pause, le jeunot est encore souriant. Pour mettre un peu d'ambiance, j'affirme que les nouveaux talents se transforment inéluctablement en vieux croûtons. Devant les vitupérations de mes collègues, je me lance dans une magistrale démonstration :

La première étape est celle du choc. Fraîchement arrivé, le jouvenceau voit des dysfonctionnements partout. La réalité est bien loin du modèle ressassé pendant ses longues années d'études.

En découle le refus. Le sujet est persuadé d'être tombé sur une exception. La plus mauvaise entreprise au monde. Un ramassis de frappadingues. Comme ici.

La troisième étape est celle de la colère au cours de laquelle il cherche à améliorer le système sans comprendre que le travail en équipe est l'addition forcément imparfaite des personnalités de chacun.

Ses suggestions n'arrangeant personne, il se heurte à un mur. C'est la quatrième étape : le découragement. Le sujet décide d'en faire le moins possible. De ne plus s'investir au-delà de ce qu'on lui demande. Heureuse coïncidence : c'est précisément ce qu'on lui demande.

Le voilà prêt pour la cinquième étape, celle du marchandage. Il se fond dans le moule, récupérant au passage de petits avantages compensatoires.

L'ultime étape est l'acceptation. Les collègues ne sont finalement pas si cons. Il est même honoré de passer quelques soirées en leur compagnie. Crédits, mariages, enfants, divorces, la vie quoi. Jetant un œil en arrière, il réalise combien il était ignorant. Le monde ne tourne pas si mal que cela. Et vivement la retraite.

Numéro 6 retourne bosser en tirant la gueule. Martine Marteau déclare être passée directement à la dernière étape. Géraldine reste circonspecte. Gégé me demande dans quel séminaire tordu j'ai encore appris de telles couillonnades. Réponse : « C'est très sérieux, mon gars. Ce sont les étapes d'Élisabeth Kubler-Ross. La seule différence, c'est qu'elle ne les a pas établies pour le travail mais pour la fin de vie. Tu sais, juste avant de mourir, quand on agonise. »

Jeudi 15 h 00 : Ô rage ! Ô désespoir !

Je traîne dans le couloir. Gégé a la tête dans l'écran. Quand il pianote fortissimo, c'est qu'il est superconcentré. Solénoïde nous fait son atelier papier-collage. Martine Marteau manipule un énorme classeur. Les clones sourient derrière leurs combinés. Tout est normalement chiant. Il est temps de faire un tour du côté de la belle.

Palsambleu ! Robert Houdin tape la causette à ma Christelle. Je trace à l'open-space, prends un papier au hasard, refais un passage. Une fesse sur le bureau, le vaurien est tout à son aise. Comme à la plage.

Mais de quoi parlent-ils ? Je reviens sur mes pas, feignant d'être absorbé par mon document, les scrute du coin de l'œil. L'intervention est délicate. Je risque encore de sortir une phrase cataclysmique. Éjecte de ce bureau, vermine ! Enfuis-toi, beauté ! Lu en long-large-travers, le papier prétexte est de plus en plus débile. Maintenant, elle lui sourit ! Ultime passage avant l'intervention. La lance à incendie. L'assommoir. Le meurtre.

Je sors cette petite crotte du caniveau, l'habille propre, lui donne mon croûton et, au lieu de remercier papa, le voilà qui fait son mariolle, toute connerie dehors, à lui raconter ses souvenirs de draps mouillés, à lui trancher le monde à coup d'utopies ordinaires, à lui balancer des toujours, des jamais du regard. Quelle goujaterie ! Ce n'est pas le style à remuer les libraires pour trouver un Nietzsche. Non. C'est le pur mâle reproducteur qui fonce langue pendante droit sur l'objectif, en meuglant tant qu'il peut.

Je vais te pourrir la vie, mon jeune gars. Ça va être une vraie boucherie. Un long, continu et douloureux cauchemar fignolé aux petites complications. Tu ne sauras plus où les mettre tellement il y en aura. Attends pour voir.

Vendredi 16 h 00 : Le magnifique

Hier, j'ai dîné avec un magicien professionnel. « Ce qui fait craquer les filles, ce sont les colombes. » Génial ! Mon numéro va ensorceler la petite Christelle et je battrai Robert Houdin sur son propre terrain. Sans même faire appel à mes superpouvoirs hiérarchiques. À la loyale !

Depuis le début du pot de fin de semaine, les couleurs vives de la boîte à transformation attirent tous les regards mais j'en interdis rigoureusement l'accès : la colombe est déjà dans le compartiment secret ! J'organise la salle, réclame le silence, me lance dans une chorégraphie tout en finesse. Une à une, des feuilles bourrées de chiffres sont froissées puis jetées dans la boîte mystérieuse. Texte : « Magie des Temps modernes ! Miracle de l'entreprise ! Digérer les données et en faire de la beauté ! » Même le Boss est saisi. Je soulève la boîte, actionne le mécanisme, la retourne afin que la colombe prenne son envol.

Il tombe sur la table une sorte de steak haché avec des plumes. Le bruit sourd du choc est épouvantable. Solénoïde manque de s'évanouir. La petite Christelle est horrifiée. L'animal gît, inconscient. Son aile n'arrête pas de trembler. Je le prends dans ma main, explique qu'il a dû manquer d'air. Sa tête pendouille. Son cou est complètement mou.

Solénoïde ne retient plus ses larmes. Les clones sont tordus de rire. Géraldine s'insurge. Le Boss a les traits tirés au maximum. Il ne manque que Méga-Man pour compléter le tableau. Je bats en retraite alors que Robert Houdin rassure mon ange. L'échec est total. Il me faut un truc. Dans les mains. Tout de suite. N'importe quoi. Un château-haut-brion.

Vendredi 17 h 50 : Des nouvelles du volatile

300 grammes de carottes, 200 grammes d'échalotes, 50 grammes de beurre. Non, je plaisante. En dépit d'un sérieux passage à vide, la colombe va bien. Enfin... mieux. Elle titube sur le bureau, une aile toujours en pétard.

Et la petite Christelle vient la voir. Elle effleure l'azalée de sa main, un sourire au coin des lèvres. Victoire ! La plante a parfaitement joué son rôle d'aspirateur. Ma stratégie millimétrique était la bonne.

Elle prend l'oiseau dans ses mains, le caresse délicatement sur toute sa longueur. J'ai des frissons. Moi, l'homme de tous les défis, le réacteur à projets, le roi du négoce, c'est lorsque je me vautre que la belle s'attendrit. Il faut que je sois plus humain. Être humain ! Dans cette boîte de dingues, n'est-ce pas l'ultime défi ?

Et je le relève ! Pour la semaine prochaine, je lui annonce un numéro de disparition extraordinaire. Son front se plisse d'inquiétude. Avec des chatons tout mignons, tout duveteux, tout gentils. Ils vont passer par petits morceaux d'une boîte à l'autre. Ce sera grandiose. Elle est horrifiée. Faisant mine de ne pas comprendre, je souris naïvement. Elle quitte la pièce, nouée.

Bons ou mauvais points ? Peu m'importe. Ce stade est dépassé. Car désormais, à ses yeux j'existe ! Je déploie mes bras et tourne sur moi-même. Tout était en moi et je ne le savais pas. Me voilà libéré. Né à la vraie vie. Enfin prêt à accomplir de grandes choses.

Semaine 7

Lundi 6 h 00 : Surprise aromatique

Tu croyais que papy allait t'oublier ? Qu'il allait mollir sur la balle de match ? Négatif, mon cher Robert. Je t'avais promis l'enfer, en voici le prélude.

Il fait encore nuit. Le couloir est glacial. Halte au débarras. Carton top secret. Seringue à colle. Je file à l'open-space, dégage ton fauteuil, sors le matériel spécial : une boîte de conserve. « Maquereaux aux neuf aromates. Nouvelle recette. » Tout un programme. J'injecte une première salve de jus dans le rembourrage. Absorption totale, sans surplus. Un vrai travail de pro. Une dose par-ci, une autre par-là, je m'active autour du séant, le farcis du liquide merveilleux.

Tu vas puer de la fesse, mon salaud ! Trimbalant ton fumet dans tout l'étage, te demandant d'où vient cette mystérieuse émanation. Si j'étais vraiment tordu, je jetterais mon ange dans tes bras, histoire qu'une fois sous les draps, humiliation ultime, elle découvre ton inavouable bouquet. Mais rassure-toi, ce n'est pas mon style. Question d'éthique.

Quel silence ! En cet instant, je pourrais être seul sur terre. Seul avec mes maquereaux. Je les mâchouille en errant dans le décor bureautique. La pénombre rend les lieux encore plus inhospitaliers. Peintures plastique. Surfaces métalliques. Matières synthétiques. L'absurdité de nos agitations diurnes me saute aux yeux comme jamais. Tout ceci n'est qu'un décor. Notre frénésie : une mascarade.

Tu sais, dans le fond, mon salaud de Robert, ce n'est pas toi le problème. C'est l'enfance, la déconne, les cravates. Un bon conseil cependant : si tu veux sentir d'où vient l'odeur qui te chatouillera bientôt les narines, laisse tomber la magie et improvise-toi contorsionniste !

Lundi 15 h 00 : Le Burotron

Gégé veut bien m'aider à faire chuter Méga-Man, à condition que les règles soient claires. Tout d'abord, il faut un nom pour ce nouveau jeu. « Le Burotron ! » s'exclame-t-il. La partie se joue au tour à tour. Sera déclaré vainqueur celui qui provoquera la fin de l'audit. Sont acceptés : la crise d'hystérie, la fulmination végétative, l'ulcère rédhibitoire, etc. Visionnaire, Gégé propose la règle des trois zéros : zéro travail, zéro culpabilité, zéro frais. Ce sera notre contribution à l'humanité. Pour un monde meilleur. Un monde sans auditeur. Sans Méga-Man. Nous scellons notre pacte par un Crayon (gin, curaçao, citronnade).

Le cadre étant posé, je fais remarquer à mon acolyte qu'il a la main. Gégé ne se fait pas prier : « Comme tu vas le voir, je place la barre très haut. Je me gardais l'info pour négocier ma préretraite mais, vu la tournure des événements, autant l'utiliser. Tiens-toi bien : le Boss a eu un rabais sur la moquette parce qu'elle n'est pas aux normes anti-incendie. »

C'est énorme. On peut l'utiliser ? On doit l'utiliser ! Je me frotte les mains, m'installe au clavier : « Commission Hygiène et Sécurité. Monsieur le Directeur, par la présente nous vous informons de la visite prochaine de nos inspecteurs dans vos locaux afin de prélever un échantillon des matières inflammables (rideau, moquette, etc). Nous comptons sur votre prévoyance pour tenir à leur disposition toute information qu'ils jugeront utile. Veuillez agréer, etc. »

Gégé suggère de trouver un joli logo via Internet. Dix minutes pour faire la lettre. Une heure pour aligner le logo sur l'enveloppe. Le résultat est criant de vérité.

Mardi 11 h 00 : La solitude des grands chefs

À peine le postier a-t-il fait sa tournée que le Boss me réclame. Ridé comme jamais, les cinquante violons du Grand Orchestre de Vienne dans le crâne, il me tend la lettre-moquette. Un de ses cousins lui avait fait une remise incroyable. Quelqu'un a dû vendre la mèche. En plein audit, une telle malchance est incompréhensible.

L'intervention d'urgence est inévitable mais le Boss n'arrive pas à s'y faire. Moquetter ou ne pas moquetter, telle est sa question. Il gémit : « Pourquoi moi ? Pourquoi maintenant ? Pourquoi déjà ? » Je l'assiste dans son monologue, distillant quelques signes d'existence : « Hum... moui... moui... » L'accouchement thérapeutique dans toute sa splendeur.

Il me raconte les premiers temps, les locaux rénovés à la va-vite, le choix du mobilier (vas-y, mon gros, tu vas y arriver). Puis la croissance organique, l'ère des clones, la création de l'open-space (allez, force encore un peu, tu y es presque). Tant d'histoire derrière lui pour en arriver à cette journée, cette lettre, ce moment.

Miracle de la verbalisation, je le sens mûr pour le grand saut. Il palpe son menton : « Bon d'accord, je vais la changer, cette moquette. » Oh, qu'il est beau ! Beau et gros. Bien ferme. Bien posé. Bravo Bébé. Le Boss décroche son téléphone. La séance est terminée.

Mardi 14 h 00 : Les derniers, les premiers

Lors d'une réunion improvisée, le Boss annonce que toute la moquette de l'étage sera changée dans les deux jours. Chacun est prié de rassembler ses affaires et de se tenir prêt à évacuer. L'opération Remue-ménage peut commencer.

L'ambiance est plutôt bon enfant lorsque trois molosses déboulent de l'ascenseur. Mon supérieur arrive au pas de course, salue les poseurs, les met à l'aise : « Faites de votre mieux, c'est vous les professionnels. »

Une heure plus tard, l'étage tient plus du capharnaüm que de l'entreprise. Le plateau de l'immense table de réunion occupe la moitié du couloir. Les chaises ont envahi le hall d'accueil. La décolleuse fait un boucan de tous les diables. Chacun court dans tous les sens. Il y a des piles de partout et Gégé n'en finit pas de descendre des cartons suspects à sa voiture.

La situation se complique lorsque les ouvriers s'en prennent au bureau de Martine. Elle n'a pas fait toutes ces années d'études pour se laisser commander par de vulgaires manœuvres ! Pourtant, leur argumentaire est d'une logique irréfutable : « Ma p'tite dame, faut ben la faire, vot' pièce ! » Elle devrait le comprendre. Eh bien non. Face aux trois gorilles, la frêle comptable n'a aucune chance. Mais ses cris alertent Géraldine qui rapplique aussitôt. Le choc des titans : Brutus contre Pacha. Ils se toisent, échangent quelques infrasons, roulent des mécaniques puis finissent par opter pour le respect. Les grands prédateurs de la jungle sont les plus sages. Il s'ensuit un curieux renversement hiérarchique au cours duquel Géraldine suggère à notre comptable qu'elle ferait mieux de vider son bureau dare-dare. C'est le monde à l'envers.

Numéro 6 se lamente sur ses statistiques catastrophiques. Dans le même temps, il projette de récupérer l'ancienne moquette pour son garage et appelle sa femme afin de négocier le coup. Juste avant de raccrocher, il fait un bisou sur le téléphone. Peut-on embrasser les combinés sur la bouche ? Numéro 6 répond : « Oui ! » Il assume sa relation avec la téléphonie sans complexe. C'est un clone libéré, assumé, épanoui. C'est un *winner*.

Mercredi 8 h 00 : Les chaises musicales

Cornegidouille ! Dès l'entrée, l'odeur me claque les muqueuses. Le fessier magique de Robert Houdin a dû fonctionner comme une couveuse, accélérant à souhait la macération du jus merveilleux. Des voix s'élèvent de l'open-space. J'enjambe quelques cartons, file au débarras, referme la porte, tire une chaise. L'œil rivé au trou de la serrure, me voilà aux premières loges.

Robert Houdin apparaît au fond du couloir, reniflant ses doigts, la mine défaite. Il s'éclipse en salle de pause. Rires étouffés des clones. Solénoïde passe de pièce en pièce en vidant le désodorisant pour toilettes. Les papiers volent. À coup sûr, elle a ouvert toutes les fenêtres en même temps. Le bizuté revient, les doigts encore sous le nez. Bienvenue dans le monde de l'entreprise, gamin !

Soudain, Numéro 2 déboule en poussant le fauteuil infernal. Il ne va pas le laisser dans l'entrée, tout de même ? Non. Il continue son trajet, s'appliquant à slalomer entre les piles d'affaires en tirant une langue démesurée. Alerte ! Il vient ici ! Je me lève d'un bond. La porte s'ouvre.

« Tiens, vous êtes là, vous ? » J'ai les deux mains posées sur un carton d'archives. Comme si je m'apprêtais à le soulever... ainsi que les quatre empilés dessus. Mais peu importe que je batte le record du monde à l'arraché. Ou que je passe mes journées dans le débarras. Le clone a déjà zappé ma présence. Il est venu changer le fauteuil. Il change le fauteuil. Il aura changé le fauteuil.

Numéro 2 vit l'existence au coup par coup. Un dossier à rendre ? OK, je m'y mets. Un pneu crevé ? OK, je change la roue. Ma femme me trompe ? OK, je divorce. J'ai un cancer généralisé ? Pas de problème, je meurs. Ce qui relève du prophylactique lui échappe. Ses résultats n'en finissent pas de chuter, pourtant jamais il ne fera le lien entre la colombe, la moquette et Méga-Man. La tactique se calcule. Mais dès qu'il s'agit de stratégie, il faut penser large, imaginer ce que pourrait être le futur. Cela requiert une liberté qu'il n'a pas.

Je joue le guichetier lymphatique, lui tends ma propre chaise d'un air effacé. Je suis transparent et, pour une fois, cela m'arrange. Quelques minutes plus tard, je ressors avec le siège contaminé, l'intègre au foutoir du hall d'entrée. Joie d'offrir, plaisir de recevoir.

Mercredi 15 h 00 : Elle court, elle court, la rumeur

Il est temps de donner le change au remarquable travail de déstabilisation réalisé par Gégé avec le coup de la moquette. Je choisis d'œuvrer dans ma spécialité : la psychologie. Petit tour chez Annie-les-gros-mollets : « Annie, vous ne trouvez pas étrange, vous, cette histoire de fauteuil ? Ils disent que ça pourrait venir d'ici. Que le responsable serait dans ce bureau. Rassurez-vous, moi, je ne les crois pas. »

La réplique ne se fait pas attendre. Elle me vomit un charnier d'histoires pas nettes. Numéro 3 comptait être augmenté et il pense que le recrutement de Robert Houdin a retardé les choses. Numéro 5 voulait en profiter pour changer l'organisation des bureaux mais la nouvelle recrue s'y est opposée. Mozart aurait le sida. Et Géraldine a fait un séjour en hôpital psychiatrique. Un mois de camisole chimique. En somme, chacun avait une bonne raison de cacher un camembert dans le siège du nouveau venu. Un camembert ? Curieuse interprétation olfactive.

Charmé par ce lot de nouvelles croustillantes, je décide de renouveler l'expérience dans le camp adverse, auprès de Géraldine : « Annie m'apprend que vous en vouliez au nouveau. Heureusement, je sais que vous contrôlez ce genre d'émotion et que vous n'êtes pas le farceur inconvenant. » Et allez ! Rebelote. Seule Annie est assez tordue pour faire une crasse pareille. La preuve, c'est qu'elle se débrouille pour ne jamais passer de visite médicale. Si l'on fouille dans ses affaires, on trouvera sûrement un flacon d'huile de foie de morue. Tiens ! Côté odeur, on se rapproche.

Et maintenant, le digestif. Les ouvriers moquettant toujours, Méga-Man a trouvé refuge en salle de pause. L'après-midi même où Mamie Solénoïde apporte la terreur poilue ! Le spectacle s'annonce prometteur.

À ma gauche, le canin hardcore le moins raggamuffin de la planète, le *no future* des oreilles, le wazaaa casseur de burnes, le soprano indomptable, le spécialiste du hurlement primaire, l'interstellaire de la rhétorique, la réincarnation du piano dodécaphonique de Schönberg, le marteau-piqueur hystérique, Mister Décérébron lui-même, j'ai nommé Mozart.

À ma droite, lunettes teintées, barre anti-rigoli, verrouillage du cul centralisé, *black* mallette, costard climatisé, affichage de la température extérieure, éclairage du coffre, ordinateur de bord, toit ouvrant rasé de près, airbags latéraux arrière, ceinture de sécurité, oreillette de série, le *maaaaaarvelous* Méga-Man.

J'entre. Le Spectre tape sur son ordinateur portable. La terreur musarde sous l'évier. Pas de sang sur les murs. Pas d'os broyés. Rien. Je suis déçu.

Jeudi 10 h 00 : Le staff divisé

Annie a hérité du siège empoisonné. Elle est persuadée que l'odoriférante dotation est un traquenard de Géraldine afin de la pousser à bout. Du coup, elle a formé son camp, principalement autour de sa personne. De son côté, Géraldine a la confiance de la petite Christelle, de Solénoïde et donc de Mozart.

Pris entre deux feux, Méga-Man erre dans le couloir. Personne ne semble disposé à répondre à ses questionnaires soporifiques. Il fait de la figuration. Le Spectre trottait son footing sur un rythme de retraité lorsque nous avons mis le turbo. Nous l'avons séché sur place ! Il a l'air malin au milieu des rouleaux de moquette, avec ses papiers et son costume impeccable. Je ne lui donne pas une semaine pour faire ses valises et rendre un rapport bidon.

Exit ses envies de rigueur, de procédures, de méthodes. L'équipe est dans un tel état physique et mental qu'en toute tranquillité, je pourrais magouiller mes congés, faire passer en note de frais un séjour pour deux personnes, embrasser la petite Christelle. Et en cumulant judicieusement les trois, peut-être même la marier.

Jeudi 14 h 20 : Géraldine remet le couvert

« Mais qu'est-ce qu'elle veut la grosse ? » meugle Annie-les-gros-mollets. Ça y est : ça pète. Je fonce à l'accueil, y trouve la perverse secrétaire collée contre le mur, les yeux fixes. Dans une retenue terrible, elle ne perd pas une miette de la scène, se pinçant les lèvres jusqu'au sang pour contenir sa jouissance. Lui tournant le dos, Géraldine pousse un « oooh ! » crescendo. C'est la crise. Derrière son comptoir, Solénoïde est pétrifiée.

Agitée de soubresauts, notre déléguée du personnel s'est raccrochée à la photocopieuse, laquelle fait un boucan de tous les diables, comme lorsque l'on secoue une tirelire. Aux chocs des pièces métalliques se mêlent d'affreux bruits de craquements plastiques. Le tangage s'accélère. Séquence essorage : « Aaaaaaaah ! » La main gauche commence à arracher la façade. La droite, agrippée au tri automatique, en plie lentement la charnière. Géraldine ne contrôle plus rien, projetant l'engin à grands coups de boutoir contre le mur. Boum boum boum. Les vibrations résonnent dans tout l'étage.

La malheureuse tourne la tête : « Mééédiiicaaa... » Je fonce à son bureau, ouvre le tiroir, saisis la boîte de calmants, la lance à Solénoïde. La standardiste essaie d'introduire un cachet. Impossible. La mâchoire est serrée à bloc. Ne sachant quoi faire, Solénoïde paniquée tente de lui administrer le comprimé par la narine gauche. « Sniffe-le ! » Les yeux de Géraldine me regardent apeurés. Soudain, la bouche s'entrouvre. Je pousse Solénoïde qui plaque le médicament contre la gencive géante.

Quelques minutes plus tard, Géraldine dort à même le sol, avachie contre les restes de la photocopieuse. Au milieu de l'entrée. J'aurais bien demandé à Méga-Man de faire un bouche-à-bouche mais les ouvriers, alléchés par cette croupe monumentale, se proposent d'eux-mêmes. Du calme, messieurs, la situation est sous contrôle. Solénoïde pleure pour évacuer la pression : « Elle n'est pas grosse... parce que ce n'est pas de sa faute. » Impitoyable logique, quand tu nous tiens !

Vendredi 10 h 00 : Schizophrénie amoureuse

Les travaux devaient être finis en deux jours. Évidemment, les ouvriers sont toujours à l'œuvre le troisième. C'est ça, la modernité. Un produit de mauvaise qualité livré hors délai par un personnel sous-payé. Saoulé par le bruit de la décolleuse, je rêvasse devant mon écran, fais des ronds avec la souris, compte les pixels un par un.

J'ai la désagréable impression de longer une crête. D'un côté, il y a un pantin de bois qui répond encore au téléphone, s'agite sous les dossiers. De l'autre, une peluche triste. Elle comprime ma poitrine, penche mes pensées. Il y a paraît-il la même probabilité d'obtenir un cordon d'ADN à partir de molécules simples que de jeter en l'air un lapin avec quelques légumes et qu'un superbe civet retombe dans l'assiette. Alors je m'imagine en haut d'une montagne, perdu dans l'immensité, lançant au ciel mes poireaux, mes courgettes... Allez ! Tomates, oignons, pommes de terre, tout le potager, et patatras ! Un ange tombe dans mes bras. La petite Christelle.

Surtout ne pas craquer. Rester *smooth*, comme ils disent. Ne pas repeindre l'étage en vert. Ne pas s'enfuir au Larzac. Ne pas racheter la boutique du fleuriste. Ne pas piquer les clones. Ne pas devenir président. Ne pas décréter la sieste obligatoire. Ne pas lui faire trois gosses dans la minute. Ne pas même voler sur son bureau lui chanter que je suis raide dingue de ses yeux.

Il faut tourner le potentiomètre millimètre par millimètre. À coups de petits sourires, de petites attentions. Nous vivons dans un monde miniature où, si l'on ne veut pas affoler, il faut rester petit. Conforme. Pour un géant qui chemine de cime en cime, hume l'air pardessus l'horizon et prend le soleil dans sa main, séduire relève de tout sauf du naturel.

Vendredi 15 h 50 : Petit traité de magnanimité

Ventrebleu ! Robert Houdin se croit victime d'un bizutage ! Au bord des larmes, il me raconte le fauteuil empoisonné, le pantalon aromatique et les regards suspicieux. Je compatis, le cul ivre de bonheur. Si tu savais à quel point l'entreprise est perfide !

Ne possédant pas les clefs nécessaires pour décrypter la situation, il aligne les explications saugrenues, les hypothèses surréalistes. Serait-il mêlé au conflit entre Géraldine et Annie-les-gros-mollets ? Le suspecte-t-on d'avoir dénoncé la moquette allume-barbecue ? Ou peut-être a-t-il fait une bêtise sans s'en rendre compte ? Cherche bien, mon garçon. Nous sommes tous coupables de quelque chose. Et ta culpabilité est la meilleure de mes vengeances. Alors régale-moi.

Sans lui fournir la moindre explication, je lui donne une tape sur l'épaule, l'enjoins à participer au pot du vendredi. Mais, à peine arrivé en salle de pause, notre tartignolle fond en larmes ! Moi qui pensais enterrer l'affaire en douceur, voilà qu'elle va me péter en pleine poire. Sans compter la présence de la petite Christelle que cette subite effusion risque d'émouvoir.

Je n'ai pas le choix, il me faut sortir le grand jeu. D'une voix grave, j'énonce avec conviction : « Il serait préférable pour tout le monde que l'auteur de cette blague stupide se dénonce de lui-même. » Pas de réponse. Tu m'étonnes. En arrière-plan, Gégé est agité de soubresauts. Au courant de toute l'affaire, il a du mal à contenir son fou rire.

Dans une délicieuse ambiance d'inquisition, je questionne Solénoïde. La tartine zéro pour cent de matière grise jure sur ses grands dieux qu'elle n'y est pour rien. Un par un, je passe les clones en revue. À bien y regarder, tous paraissent suspects. Se les tamponner en brochette est un pur ravissement.

Devant l'absence d'aveux, Robert Houdin déclare que finalement, ce n'est pas si grave. Dans un élan de générosité sans bornes, je pardonne moi aussi au malotru. Grandiose absolution. Ultime cerise sur le gâteau : la petite Christelle me prend à part pour me demander si j'ai des soupçons. Hum... Un coup pareil ne s'improvise pas. C'est forcément l'œuvre de quelqu'un de pragmatique, de calculateur, de cruel. Quelqu'un capable de se dissimuler derrière un masque et de ne pas craquer. Quelqu'un de froid et de déterminé. Au hasard : l'auditeur.

Semaine 8

Lundi 9 h 00 : Lucidité paradoxale

Chaque jour a beau être plus assommant que la veille, le lundi reste le pire de tous. Allez comprendre. Je tire une feuille de la pile, m'y plonge mollement. Les caractères ont une taille de police douze. Sans doute du Times. Ou peut-être un Georgia. Non. Du Times sur jet d'encre. Il faudrait faire un essai pour en être sûr. Tout cela est tellement palpitant.

La petite Christelle entre. D'elle-même. Sans ouvrage philosophique ni torture d'animaux. Je me délecte de l'exactitude de son pantalon, des formes de son chemisier, de la rondeur de ses épaules. Et son cou, mon Dieu, son cou. Elle revient sur mon intervention au pot de vendredi. L'ambiance devenait pesante. J'ai su prendre les choses en main. C'était super. Oui, j'ai vraiment assuré comme une bête. Et ce Robert Houdin qui pleurait ! Il est bien jeune avec son poil au menton. Elle me sourit. Vingt milles lieues dans ses yeux. Le monde est fantastique. L'étage, un septième ciel.

Difficile de rester souple. Pourtant il le faut. Car ce chemin n'est pas le mien. Trop rapide. Trop facile. Trop évident. C'est celui de la passion subite. De l'immanquable « oui » à Monsieur le Maire. De quelques années de bonheur. De la courbe qui monte puis finit par redescendre, fatalement. Jusqu'au jour où, en plein milieu de l'après-midi, je la verrai passer dans le salon, quelques rides en plus, trajectoire automatique, avec une nouvelle coupe. Tiens, tu as changé de coiffure ? Oui, la semaine dernière. Mais tu n'as rien remarqué. Patatras. Voilà où conduit ce chemin. À l'habitude. Au flétrissement. Voilà pourquoi il faut s'en défier.

Prenons le temps, mon ange. Laissons nos cœurs se tendre. Ne nous comprenons pas trop vite. Restons l'un pour l'autre un soleil levant, une contrée lointaine, un délicieux mystère. Le ressens-tu, ce douloureux enchantement ? Cette terrible angoisse ? C'est le pain de notre désir. Celui que l'on voudrait rompre mais qu'il ne faut pas.

Je la congédie sobrement. Sans répondre à sa déclaration. Comme si elle m'était inconnue.

N'empêche qu'à force de tergiverser, mon coco, il se pourrait bien qu'elle finisse par le rester, inconnue.

Lundi 14 h 00 : Le principe d'incertitude

Les vers que j'adressais à Martine étaient de Paul Valéry. *Le Cimetière marin.* « Brisez, mon corps, cette forme pensive ! Buvez, mon sein, la naissance du vent ! Une fraîcheur, de la mer exhalée, Me rend mon âme... Ô puissance salée ! Courons à l'onde en rejaillir vivant. » Être vivant. Voilà le sujet central. Le point de convergence. Voilà mon seul credo.

Ce que je défends, ce ne sont pas quelques privilèges matériels. Note de frais par-ci, glandouille par-là. C'est une respiration. Un espace non formaté où le risque existe encore. Où une fesse cravatée n'a pas encore eu l'idée baveuse d'y poser son regard procédurier.

Vivre, c'est se cogner au présent. L'affronter sans s'appuyer à la balustrade. C'est l'inverse du tranquillou. C'est l'instantanéité. Prendre des décisions et les assumer. Si on est un homme politique, pouvoir dire que l'on s'est trompé. Si on est un joueur, s'autoriser à pleurer à la fin d'un match. Si on est un cadre supérieur, ne pas chercher à se border en permanence.

Lorsqu'on sait où on va, ce qu'il faut faire et comment le faire, ce n'est plus de la vie dont il s'agit mais d'une rumination de décisions prises dans le passé. Un ersatz. Plan retraite, plan épargne, plan de carrière... À force de se blinder, certains n'ont plus rien à vivre. Tout a été calculé. Depuis la hauteur de la pièce montée aux frais d'obsèques en passant par la pension alimentaire. Ils devraient se mettre directement dans la boîte, on gagnerait du temps.

Je suis prêt à donner de ma personne. De mes capacités intellectuelles. De mon enthousiasme. De ma générosité. Mais suivre ces dispositifs à la lettre, c'est des coups à se réveiller un jour une hache à la main en appréciant la rentabilité du carnage que l'on vient d'opérer. Voilà pourquoi je m'évertue à insuffler un principe d'incertitude. Qu'il y ait encore un possible.

Que tout puisse échouer. Que l'on ne sache pas vraiment où l'on va. Que les schémas restent schématiques. Que l'on ne s'en contente jamais. La vie ne se mâche pas. Le bonheur ne s'épargne pas. Et moi, on ne m'achète pas.

Mardi 9 h 00 : Combat moyenâgeux

« Oh non ! C'est dégueulasse ! » La voix de Géraldine retentit dans tout l'étage. Le torpilleur fou a encore frappé, offrant au monde bouche bée un de ses copieux chefs-d'œuvre. Premier constat, mais pas des moindres : en dépit des lois les plus élémentaires de la physique, Géraldine n'est pas le susnommé.

Gégé se précipite. Fais attention à toi, l'ami ! Balai-brosse en main, il engage le combat. Feintes du corps, parades, esquives, la cadence est soutenue. Reprenant son souffle, Gégé se dégage de la cuvette. Puis, il se remet en garde haute, bondit en avant et fait mouche ! Nouvelle feinte. Nouvelle touche. L'ennemi est affaibli. L'issue inéluctable. Déchaîné, Gégé prend le balai-brosse à deux mains. Il fait un tour complet sur lui-même et l'abat comme s'il s'agissait d'une massue. Scroutch ! La lourde tête hérissée de pointes s'enfonce dans la matière ramollie. Avec acharnement, il triture son ennemi jusqu'à la réduction. Chasse d'eau. Désodorisant. Gégé vainqueur salue respectueusement les derniers morceaux.

Éreinté, il me lance : « Plus jamais ça. » Non ! Ne me raconte pas ce que tu as vu dans ta lunette, maudit Galilée ! Ces images affreuses qui hantent ton esprit, personne ne peut les comprendre. Tu restes seul avec ta douleur. Ouvre un site Internet, vends des allumettes, fais du macramé mais surtout ne me raconte pas. Et puis, imagine... S'ils t'écoutaient. S'ils t'entendaient. Tout l'étage irait aux toilettes la peur au ventre. Le staff se transformerait en une armada de constipés, les yeux rouges de retenue, le sourire crispé, marchant à petits pas, fesses serrées à bloc. Ce serait l'enfer. Dis-toi qu'ils ne font que se protéger. Que ton silence leur est salutaire.

Entre nous et Méga-Man, le torpilleur est l'alternative. La troisième voie. Ni allié, ni ennemi, son étron colossal plane sur nos têtes telle une épée de Damoclès.

Mardi 15 h 00 : C'est grave, docteur ?

« Demande à chacun la liste de ses médicaments. Tu verras bien qui trimballe un laxatif. » C'est beau. C'est simple. C'est Gégé. À nous deux, torpilleur fou ! J'affabule une loi bidon sur la prévention des conduites à risques, concocte un formulaire maison, me voilà prêt à enquêter.

Solénoïde sort une boîte de médicaments en expliquant guillerette que dès qu'elle se sent mal, hop, elle en prend un. Ce qu'elle fait sur-le-champ. Euh... Tu as mal au ventre ? « Non, c'est juste pour te montrer. » On a beau la connaître, ça surprend toujours.

Au tour des clones. Ils soutiennent mordicus que la clope et le café ont des vertus thérapeutiques. Très fort. Et quand ça tape ? Une double aspirine, bien sûr ! Numéro 2 fait une cure à vie de vitamine C. Mais la palme revient à Numéro 6 qui nous évoque fièrement un produit surpuissant dont la fulgurance poétique résume bien tout : Processor.

Côté secrétaires, c'est baudelairien : antidépresseurs, anxiolytiques, neuroleptiques. Géraldine me montre son fameux calmant. Le Fracatol. Renseignements pris sur Internet, Annie-les-gros-mollets avait raison. Annie a toujours raison. Le Fracatol est utilisé pour assommer les pires dingos. Nos péripéties pourraient se terminer lors d'une crise atomique qui dévasterait l'étage comme ses occupants.

Je reviens à mon bureau consterné. Nous avons de quoi ouvrir une unité psychiatrique. Ou accueillir le prochain championnat d'haltérophilie. Mais pas le moindre suppositoire de glycérine. Chou blanc.

Mercredi 11 h 00 : Jeu de miroir

« Vous auriez un moment dans l'après-midi ? » La tête rouge, chauve, tout en longueur me regarde, avec son insupportable sourire banane. Bien sûr ! Je reste stoïque jusqu'au départ du Spectre. Tout va bien. Feu sur le pont. Les femmes et les enfants d'abord. À part ça, tout va bien.

Que me veut le Spectre ? Je me réfugie dans le débarras. L'odeur du siège est poignante. On se croirait dans les encoignures d'un vieux port. Moules marinières à volonté. Je me passe un peu d'eau sur le visage. Le miroir me renvoie l'image d'une tronche de cake. Même en se rapprochant tout contre. Pas un bouton. Pas un poil de travers. Simplement, une bonne et grosse tronche de cake.

Je cligne les yeux. Mon visage se fragmente en flashes stroboscopiques. Alternant les grimaces les plus fantaisistes, j'assiste à un spectacle subjuguant. En gros plan, les expressions défilent à toute vitesse. Gai. Triste. Sérieux. Surpris. Le rythme se cale sur celui de mon cœur. Techno Parade solitaire. Tum tum tum tum. Les mains se trémoussent à la périphérie de la scène. A E I O U. Mes neurones saturent. Tout devient fluide. Pupilles dilatées, zygomatiques surchauffés, je ne suis plus qu'un corps pulsant. Les cartons d'archives, le vieil ordinateur, la chaise maudite tournent autour de moi. L'univers est harmonique.

Devant mes yeux, les doigts continuent leurs folles sarabandes. Tum tum tum tum. Le cadre sup s'efface. Je suis libéré. Je suis en transe. Je suis un autre. D'ailleurs, il n'y a plus de je. Il n'y a plus qu'une vibration. Une grande unification. Chaque dimension converge. Toutes les particules sont de mon avis. Toutes dans l'univers sauf un petit tas. Rouge. Chauve. Tout en longueur. Je sens la présence du Spectre à travers la cloison.

Le Mal est isolé. Me voilà prêt à subir son terrible interrogatoire.

Mercredi 14 h 00 : Un photomaton ambulant

À peine l'auditeur assis, je lui envoie une première couche matelassée, casant les mots : prospective, *workflow* et performance. Je lui explique que je suis le liant de l'entreprise. Son catalyseur. Son accélérateur de potentiels. Évidemment, je ne comprends pas la moitié de mon propre charabia.

Il me sourit sans raison. Méfiance. Garde ça pour tes photos d'identité ! Lorsque tu seras enfermé dans une cabine exiguë, siège mal réglé, rideau poisseux, prix exorbitant. Face à l'objectif accusateur, sachant pertinemment que tu vas te prendre un énorme flash en pleine poire, souris !

Face à son attitude mielleuse, je me rabats sur une valeur sûre : l'évaluation. La notion sacrée par excellence. Cet immense entonnoir qui vous réduit en une ligne, celle du bénéfice net annuel que vous rapportez. Peu importe que vous soyez superagréable à vivre ou une raclure de première. Seul compte le résultat sur lequel vous êtes mesuré.

Toujours aussi avenant, Méga-Man enchaîne de lui-même. Il évoque l'obsolescence du matériel informatique, la dynamique de l'approche client, la marge de progression à court-moyen-long terme. Mais où veut-il en venir ? On dirait une imprimante recrachant le calcul d'un superordinateur. À mesure qu'il monologue, son crâne s'allonge. Un vrai bouton d'arrêt d'urgence. Je commence à fantasmer sur la lourde pile de papiers qui poireaute sur mon bureau. Trop tard. Méga-Man me salue et se retire. Sans question. Sans réponse.

Jeudi 10 h 00 : L'apocalypse

« Et il ne t'a rien demandé sur ton poste ? Ni sur les notes de frais ? » Gégé est perplexe. Il cogite, les mains jointes religieusement devant son verre, un Store (cointreau, tequila, ananas). Après un long silence, le verdict tombe : « Alors, c'est que le Boss est en train de vendre la boîte. »

L'entente cordiale entre le Boss et Monsieur le Président. Le désintérêt du Spectre pour la chose humaine. Sa passion du chiffre comptable. Ses préoccupations sur nos perspectives d'avenir. Son absence totale de conseil. Tout coïncide. C'est cauchemardesque. Terrifiant. Titanesque. Gégé m'avoue qu'il s'en doutait depuis le début. Méga-Man n'est là que pour évaluer l'existant. Sans chercher la moindre amélioration. Simplement pour fixer un prix plancher.

Je vois d'ici les restructurations. La préretraite de Gégé. Le télescopage d'un jeune cadre inexpérimenté. Les réunions pour expliquer ses méthodes géniales. La corde qui se tend. Les crises répétées de Géraldine. Les premières démissions. La fusion-acquisition des gros mollets d'Annie. Et, pire que tout, le défilé de stagiaires boudinées... mais superperformantes côté analyse de données.

Depuis le début, cette mise en scène oblongue n'était donc qu'une farce. Toutes mes tentatives vouées à l'échec. Je viens de passer de l'autre côté du miroir. Nous sommes en sursis. Déjà évanescents. Et, par un curieux renversement des rôles, le seul qui tienne encore la route, le seul à marcher droit le regard haut et le pied sûr n'est autre que Méga-Man.

Jeudi 15 h 00 : Le gène du rachat

Je ne suis plus d'humeur à jouer. Je ne suis plus d'humeur à rien. J'assiste impavide au bilan mensuel des clones. Numéro 5 est en pleine forme. Il nous gave de ses camemberts, nous bourre le mou avec son nouveau concept débile : « la stratégie homéostatique ». Effondrant.

Il se donne à fond. Sans retenue. Peut-être est-il déjà au courant ? Tu parles. À la naissance, il était déjà au courant. Cet énergumène a le gène du rachat. Il considère ce genre d'opération comme un progrès social. Le soir, il lit des magazines économiques en s'excitant sous ses draps. Le matin, il écoute les cours de la bourse en s'agitant sous la douche. Le reste du temps, il casse du chiffre en fantasmant sur quelques promotions imaginaires qui le propulseraient sur de nouveaux marchés tiers-mondistes, en missionnaire du capitalisme, à taper son rapport dans une chambre miteuse avant de téléphoner à sa femme et de finir au bordel du coin. Merci Darwin.

Emporté par son explication, le clone n'arrête pas d'agiter son index sous mes yeux. Parler avec les mains est une chose. Mais remuer ainsi son doigt d'extraterrestre me crispe. Rien à faire de son homéostasie. Je ne pense plus qu'à une chose : saisir le lombric et crac ! Le casser d'un coup sec. Ses congénères bleus de stupeur. Lui braillant tant qu'il peut. Et moi, d'un sourire dantesque : « Alors, tu fais moins le malin maintenant, avec ton gène à la con ! »

Le doigt monte, descend, se rapproche, s'éloigne. Je décolle mon dos du dossier, fixe ma proie. Avec un peu de chance, je peux l'avoir d'un bond. Ou peut-être avec les dents. Je le mords ! Et tant qu'à faire, je le mange cru. Façon tartare.

Vendredi 11 h 00 : Assimilation – Digestion

Mes yeux tombent sur une pile de livres bien en évidence sur le bureau de Numéro 2. Il n'y a que des ouvrages de gagnants : *Créer les conditions de la confiance*, *Renforcer l'estime de soi*, *Gagner en mieux-être*. Le cauchemar continue. En Méga-Man, Numéro 2 a trouvé un gourou. Un idéal. Un père. Alors, il fait tout pour lui ressembler.

Ne te leurre pas, animal ! Ici, le seul arbitre est le profit. Un pet de travers sur les marchés financiers et, par ricochets, la boîte se vaporise en deux temps trois mouvements. Là où *ils* sont très forts, c'est d'avoir mis un visage humain à tout cela en te persuadant que ton boulot est un moyen d'épanouissement. *Ils* parlent d'entreprise conviviale, de nouvelles méthodes de management, de développement personnel. Développer un projet, une étude, un marché, je veux bien. Mais « se développer soi », ça n'a pas de sens ! Un être ne fait qu'une chose : être.

À force d'affirmer qu'il faut se donner à cent pour cent, le système fabrique des gens comme toi. Sans frontière entre le dedans et le dehors. Des ectoplasmes qui ne connaissent plus le sens du mot exister. Vivre par soi-même. Avoir une conscience et l'utiliser. Chez toi, le contrôle social est tellement intériorisé que le programme de lavage cérébral est automatique.

En feuilletant tes bouquins, je devrais m'égosiller. Il est trop tard. Bientôt tu convoleras dans un nouveau bureau, soumis à un chef qui sera lui-même soumis à un autre chef, et ainsi de suite. Tu pourras appliquer ton *knowledge management* dans les grandes longueurs, l'avenir t'aura donné raison. J'étrangle un mot d'admiration, tu me souris. Peut-être te réveilleras-tu un jour. À cinquante ans. Soixante. Peut-être jamais.

Vendredi 16 h 00 : Cinéphilie de haute volée

Comme d'habitude, Méga-Man s'est soustrait au pot du vendredi. Martine Marteau distribue les bons points. Les clones glapissent. Ni virus, ni moquette pour entraver leur progression. Les affaires reprennent. Ils sont contents.

Bandes de dingues ! Vous êtes au bord du gouffre.

La discussion porte sur le cinéma. Sujet creux s'il en est. Les visages de mes collègues sont plus ramollis que jamais. Conséquence des milliers d'heures en ondes alpha devant leurs postes. Une sorte de lifting télévisuel. Comme si leur écran seize neuvièmes leur avait mis une grande baffe bien à plat. Un fracas facial au ralenti, à coups de photons.

Géraldine me demande mon film préféré. Il faudrait répondre que le cinéma est devenu comme la publicité : une suite ininterrompue de clichés, un propos vide de sens, l'inverse de l'art. Mais que dire à quelqu'un dont la main ne s'est jamais envolée sous de folles rapsodies pour piano ? Qui ne cavale que sous la dictée de clones encore plus formatés qu'elle ?

Je joue le jeu : ces magnifiques histoires d'amour qui se déroulent sur des bateaux qui coulent. Beauté des paysages, tension dramatique, performance des acteurs. Saisissant l'ironie, Gégé évoque les films de science-fiction où pullulent les étoiles maléfiques et les princes de l'ombre en insuffisance respiratoire. À son tour, Robert Houdin nous fait une envolée surréaliste sur les héros vêtus en string panthère qui hurlent de liane en liane. Quelle tartufferie ! Le navire sombre mais chacun tient sagement son rôle. Chacun contemple sa vie de merde, ou plus exactement la projette... sur grand écran.

Semaine 9

Lundi 9 h 00 : Montée en puissance

Gégé est catégorique. Jusqu'à présent, nos blagues étaient gentillettes. Elles n'avaient pas de quoi faire douter le Spectre. Mais, si un réel fléau s'abat sur l'entreprise, notre pragmatique auditeur rapportera que l'affaire est vérolée, que le rachat n'est pas rentable et nous serons sauvés. C'est pourquoi il faut être sans pitié, pratiquer la plus dure des politiques : celle de la terre brûlée.

Après un copieux Presse-papier (cointreau, tequila, jus d'ananas, sucre en poudre, noix de coco râpée), mon acolyte est chaud : « Je vois le ciel s'ouvrir. Je te vois sur un cheval blanc, les yeux comme des flammes, vêtu d'un manteau teinté de sang, une épée tranchante sortant de ta bouche. Guidé par la main de Dieu, tu vaincras le Spectre et mangeras sa chair, ainsi que ceux qui ont adoré son image. Tous jetés vifs dans l'étang de feu. Dans le soufre ! » Apocalypse selon Gégé, chapitre douze, verset trois.

Face à mon scepticisme, mon pote s'impose en préparateur physique. Il veut réveiller en moi la fureur divine. Me transformer en Attila des bureaux, en Gengis Khan du IIIe millénaire, en Torquemada de la machine économique. Il dispose un portemanteau au milieu de la pièce, l'habille d'une veste, y passe sa propre cravate, roule une revue économique dans la poche de droite, y adosse un vieil attaché-case.

De son armoire, Gégé sort un rouleau en carton qu'il me tend hardiment. Je reste impassible mais Gégé ne doute de rien : « Tout d'abord, il faut faire ressortir ta colère. Imagine que le Spectre est là. Devant toi. Son foutu rapport à la main. Vas-y, frappe-le ! Ou alors, si ça t'excite davantage, tu peux imaginer que c'est une nonne ou ta concierge. Non. Ce qu'il te faut, c'est une boulangère avec des miches énormes. Elle ne veut pas te vendre son croissant parce qu'il te manque cinq centimes. La salope ! Déchaîne-toi ! Mieux : tu es face à une pervenche qui te verbalise parce que tu as traversé en dehors du passage clouté. L'uniforme te stimule. Punis-la ! Mieux encore : un étudiant en blouse blanche qui mendie pour son bizutage, une vendeuse dans une parfumerie te disant bonjour pour la troisième fois en dix minutes, un pompier qui essaie de te refiler son calendrier merdique, la secrétaire du dentiste te tartinant les exploits de sa progéniture. Laisse sortir ta haine. Punis-les tous ! »

Je décline l'invitation, réalisant pour la première fois que les études picturales de mon pote déteignent peut-être légèrement sur sa psyché.

Lundi 15 h 00 : Plaisirs supérieurs

La séance de Gégé a eu le mérite de me convaincre qu'il faut raisonner en stratège. D'ailleurs, je crois avoir localisé le point faible de l'édifice. Le grain de sable. Les clones comparent sans cesse leurs primes hebdomadaires mais, en ce qui concerne leurs fixes, ils sont loin d'être logés à la même enseigne. Le sujet est tabou, les contrats gardés précieusement par Annie-les-gros-mollets. C'est-à-dire par la plus matraquée de l'étage.

Procédons avec méthode. Dans un premier temps, il s'agit de subtilement lui rappeler que je suis un crétin. Un jeu d'enfant : « Annie, je sais que je peux vous faire confiance. Alors je vais vous dire un secret. Lorsque le Boss m'a appris qu'il fallait changer la moquette, sur le coup, ça m'a tellement ému, j'en ai pleuré. »

Elle me regarde atterrée. Elle ne se méfie plus. Elle est mûre pour la deuxième étape : « Hier, je suis allé en salle de réunion. J'ai vu que l'un des dossiers de l'auditeur portait votre nom. J'ai feuilleté rapidement. On y parle d'instabilité émotionnelle, de difficultés relationnelles, de poste non rentable. Je ne suis pas devin mais j'ai l'impression qu'il réunit les éléments pour vous mettre à la porte. »

Les joues flasques d'Annie virent au violet. Elle ânonne quelques insanités, se ressaisit, me fait son meilleur sourire. Comme elle a besoin de mes conseils, nous sommes les meilleurs amis du monde. Je n'attendais que cela : « Comment réagir ? Peut-être en détournant l'attention vers l'open-space. Je dis ça comme ça mais si nos collègues apprenaient leurs différences de salaire, à coup sûr, leur réaction serait terrible. »

Annie retrouve son air malicieux. Elle me remercie à voix basse. Peut-être aurai-je même droit à quelques chocolats. Manipuler est un plaisir, certes. Mais manipuler les manipulateurs, c'est palace.

Mardi 8 h 30 : Mimétisme massif

La force des vrais givrés, c'est d'aller droit au but. Ce matin, de petites liasses de papiers disposées proprement sur les bureaux attendent chacun des clones. La photocopie des contrats de travail de leurs congénères. En toute simplicité.

Depuis ma porte, j'assiste au spectacle. Après une première phase de stupeur, la meute se retrouve téléphone portable à l'oreille. À coup sûr, ils déversent leur profond ressentiment à leurs femmes. Cela doit ressembler à : « Mon collègue gagne deux fois plus que moi ! Faut-il porter plainte ? Démissionner ? Faire une grève ? Est-ce normal de se faire enfoncer de la sorte ? En qui puis-je désormais avoir confiance ? Ai-je été trop crédule ? Suis-je un imbécile ? » Devine.

Numéro 3 époussette sa veste frénétiquement, l'ôte, frotte sa chemise avec la même énergie. Puis la cravate vole à travers la pièce. Enfin, dans un ultime geste libérateur, il fait sauter le bouton de son col. Les bras écartés, le voilà qui respire à pleins poumons avant de s'effondrer dans son fauteuil.

Chacun a regagné sa place lorsque Numéro 5 passe dans mon champ visuel. Il marche avec solennité, tenant à deux mains une poubelle. À son passage, ses congénères y jettent avec dédain l'écriteau de bureau portant leur nom.

Au fond de la pièce, Robert Houdin plie, déplie, replie son contrat en mille. Notre apprenti clone confectionne un chapeau napoléonien dont il se coiffe. Numéro 6 fait plus fort : il élabore une superbe cocotte. Le concours d'origami est lancé. Poule, maison, bateau, rien n'arrête nos champions. Un avion traverse la pièce. Un autre pique du nez et s'écrase sur l'empereur. Un troisième finit sa course dans le couloir. Chacun passe des tuyaux à l'autre. Les ailes plus grandes, le lancé plus coulé, la petite pliure à l'arrière. Aucun doute : du côté des clones, aujourd'hui, ça travaille dur.

Mardi 15 h 30 : L'inspecteur est de retour

Je fais un saut en salle de pause dans l'espoir d'y croiser la petite Christelle. Raté : je tombe sur le plus décérébré de la clique, Numéro 2. Un véritable expert du premier degré. La preuve, il est tout content de me voir.

Numéro 2 se trouve dans une position délicate : c'est lui le mieux payé des clones. Du coup, il n'ose plus aller à l'open-space et passe son après-midi à boire des cafés. Je le rassure : mathématiquement, c'est normal. Il fallait forcément qu'il y en ait un qui gagne plus que les autres. Ma démonstration tarte à la crème l'apaise.

Sans doute dans l'idée de me remercier, il me montre sa dernière acquisition : un thermomètre format carte de crédit. N'importe quoi. Pire encore, il me demande mon avis. Je lui demanderais bien par quelle voie s'en servir mais, pour l'heure, il y a mieux à faire. Lui refiler mon questionnaire maison, le même testé précédemment auprès de Numéro 3 : « Un thermomètre... Tu es malade ? C'est vrai que depuis quelques jours, tu as mauvaise mine. Souvent, ces passages à vide sont liés à de petites carences alimentaires. Tu te nourris correctement ? Tu as souvent mal au ventre ? Tu vas régulièrement à la selle ? »

Notre champion n'arrête pas de faire non de la tête. Son air ahuri témoigne en sa faveur. Il faut se rendre à l'évidence : Numéro 2 est trop basique pour être le torpilleur fou. Je n'ai plus qu'à lui faire oublier mon interrogatoire surprise par un magistral détournement d'attention : « Maintenant, je me souviens pour ton thermomètre. Ils ont les mêmes à la NASA. Je crois même qu'ils s'en servaient sur la lune pour mesurer la température des roches. » Numéro 2 n'arrive plus à détacher son regard du précieux trésor. Au fond de lui, il le savait. L'objet a une valeur inestimable. Il faut qu'il le garde toujours sur lui. Peut-être même qu'un jour, ça lui sauvera la vie. Mais peu importent ses élucubrations fantasmatico-technologiques, j'ai ce que je voulais : le bougre est innocent.

Mercredi 9 h 00 : Lyrisme numérique

Face à leurs inégalités de salaire, Numéro 5 s'est imposé comme le théoricien de la bande des clones. Il a commandé un poster du Che et des pin's Lénine sur Internet. Livraison garantie en vingt-quatre heures.

Emballé par cette microrévolution, Robert Houdin m'explique que toute demande devra désormais être adressée au bureau de Validation des requêtes pour la classe laborieuse. Celui-ci reformulera chaque revendication sous la forme d'une Circulaire du peuple, laquelle sera ensuite étudiée par le Comité collectif décisionnaire afin de s'assurer de sa conformité avec l'intérêt des travailleurs.

Papeterie, ordinateurs et autres outils de production ont été mis en commun. Ainsi Numéro 2 est fier de me présenter sa calculatrice scientifique dont tout le monde a désormais jouissance. Il me confie à voix basse qu'elle a une utilisation secrète. Pendant les réunions, ils se la passeront discrètement pour échanger des messages codés. Il tapote quelques touches et me la brandit. 713705. Je ne comprends pas. Alors, il retourne l'engin et lit fièrement : SOLEIL. C'est une idée géniale de Numéro 3. Il a inventé un nouveau langage. Une forme de résistance poétique. Fasciné par tant d'inspiration, j'improvise quelques vers exaltés : 537738 537 350, 533708 537 5108, 3771350 7 3518. 35380 3807 37, 0705 7130 7, 37051 5 5508 37.

Numéro 5 me demande si j'ai la carte du Parti. Parce qu'un vent libertaire souffle en ces lieux et que les esprits corrompus par l'idéologie capitaliste n'y sont pas les bienvenus. Une séance plénière va commencer. Je suis prié de quitter les lieux. L'ordre du jour est simple : rendre chaque geste du collectif intrinsèquement signifiant, en particulier toutes les actions relatives à la cérémonie de la pause café.

Mercredi 16 h 00 : La révolte des clones

Le gloussement de Géraldine me sort de ma torpeur. Je me lève, titube jusqu'à la porte, tombe sur un étonnant spectacle : la fine équipe du bout du couloir avançant en rangs serrés, cravates nouées en brassard, à petits pas vers l'accueil.

Solénoïde me distribue un tract de revendication : « Vous allez voir, ça se lit comme un roman. » Surgissant de son antre, Gégé brandit le poing et s'écrie : « Goulag ! » Puis son naturel reprend le dessus. Il mime un joueur de bowling caressant sa boule avant de s'élancer pour un *strike*.

Celui que je n'avais pas vu, c'est le Boss se tenant derrière moi. Debout, très pâle, les yeux dans le vague, il est figé comme un minéral. Je m'approche, m'apprête à lui demander si tout va bien, il part en arrière. J'ai juste le temps de le rattraper. Il est raide comme un piquet. Avec Gégé, nous le raccompagnons à son bureau et l'installons tout de travers dans son luxueux fauteuil cuir. Impossible de le décrisper. Le Boss est tendu à mort.

Ses lèvres bougent. Il tente de me dire quelque chose mais aucun son ne sort. Je me rapproche, perçois un léger souffle. Rien de vraiment audible. Je tends l'oreille à proximité de sa bouche, juste assez pour entendre : « Peeel... »

Pelle ? Paella ? Non. Appel. Ou : appeler. Ou peut-être : appelez-le. Cela ressemble à une injonction. Une prière. Peut-être implore-t-il le Sauveur ? La divine providence ? Un super-héros ? Un surhomme... Le grand redresseur mythique. L'évangéliste du rachat rentable. Le mandarin de l'évaluation comptable. Méga-Man, bien sûr.

Jeudi 10 h 00 : La danse des portables

Méga-Man s'est installé à l'accueil. Il écrit d'une main, photocopie de l'autre, passe des fax de la troisième. Tout cela avec une étonnante décontraction. Très fluide dans ses mouvements. On dirait un film au ralenti. Je le surprends même préparant une nouvelle rame de papier, l'insérant d'un geste impeccable au moment précis où la photocopieuse tombe en rupture de papier. Comme si un compteur tournait en permanence dans sa tête pendant qu'il trifouille ses dossiers.

Le Spectre téléphone en continu à l'aide d'un portable des plus rustiques. En vrai pro, il utilise un vocabulaire hermétique pour que sa conversation ne soit compréhensible que de son interlocuteur : « Je vous envoie les profils recherchés dans l'heure. » Impossible de savoir s'il s'occupe d'un commerce de maïs transgénique ou d'une maison de retraite sur la Côte.

Soudain, une sonnerie s'élève de sa veste. Méga-Man sort un deuxième téléphone portable, cette fois dernier modèle. Tout en continuant à écouter son interlocuteur, il fait pivoter le premier appareil de façon à éloigner le micro de sa bouche en le remontant vers son front et entame une autre conversation, comme si de rien n'était : « Bonjour. Oui, j'ai essayé de vous joindre. J'ai besoin de vos services pour étudier quelques contrats. »

Puis, dans un double mouvement de balancier, les deux portables toujours collés aux oreilles pivotent en sens inverse et Méga-Man, super-décontracté, ramène le premier micro vers sa bouche en bloquant le deuxième contre son front. Il change à nouveau d'interlocuteur : « Ce sera en ligne quand ? »

On dirait une sorte de traduction simultanée, un ballet d'essuie-glaces verticaux, un dédoublement de personnalité. Au deuxième interlocuteur : « Vous me trouvez quelques failles ? » Au premier : « Il sera possible d'avoir quelques candidatures d'ici demain ? » Et simultanément « Très bien. Comme d'habitude, adressez-moi la facture par courrier. »

Le cow-boy bicéphale raccroche des deux pouces et rengaine les portables. Le Spectre a beau être le Spectre, cette fois je dis : *Total respect, man.*

Jeudi 15 h 00 : Strip-tease mental

À la recherche d'une improbable inspiration, mon stylo et moi arpentons l'étage. Les voix de mes collègues se distordent, les perspectives s'incurvent, l'univers se ramollit. Il ne me reste que deux certitudes : un jour je mourrai, et ce sera aujourd'hui, d'ennui.

Puis soudain elle apparaît. Un chemisier l'air de rien, sa taille courbe, ses cheveux soyeux, son visage d'ange. Les parallèles se rencontrent, tout prend sens. Elle est le point de jonction cosmogonique. La clef.

Au moment où nous nous croisons, elle me sourit. Non de ce sourire candide qu'exhibent les jeunes filles en fleurs. Plutôt d'une manière mélancolique. Sans masque ni rôle à jouer. Nature.

Revenu à mon bureau, je me bourre de madeleines. Il me faut retenir cet instant. L'écrire en pages entières. En romans. En encyclopédies. Dans ce sourire, il y avait de la misère. De la grandeur aussi. Une tendresse. Une compassion. Un élan. Un espoir.

L'expression d'une intériorité dans laquelle je peux plonger sans crainte : je n'en verrai jamais le fond. Comment ne pas tomber raide dingue d'un ange qui, au détour d'un regard, vous offre son âme ?

Vendredi 9 h 30 : Fini la rigolade

Depuis ce matin, les clones défilent un par un dans la salle de réunion. Je ne sais pas ce que Méga-Man leur fait, mais ils ressortent tous avec le masque. J'intercepte Numéro 6 au passage, lui demande ce qui se passe derrière la porte.

Méga-Man lui a présenté une annonce parue la veille sur plusieurs sites Internet. Le clone a immédiatement compris qu'il s'agissait de son poste. Sur les pages suivantes se succédaient plusieurs candidatures toutes de bonne facture. Quant au salaire proposé, il était bien inférieur au sien. Méga-Man lui a posé une question très simple : « Alors. Je vous garde ou j'en prends un autre ? » C'était clair, net et précis.

Mais tu n'as pas essayé de te défendre ? De faire valoir ton expérience ? Ta connaissance de la boîte ? Tes droits de salarié ? Numéro 6 répond négativement. Il m'explique avec admiration comment il s'est laissé convaincre. L'auditeur est très fort. Ses mots sonnent juste. Il a déroulé l'entretien à la perfection. Et mon collègue conclut : « À la fin, j'avais même envie de le remercier. »

Si ce n'est pas une bonne raison de déprimer, ça.

Vendredi 16 h 00 : Amnésie collective

Au pot du vendredi, les clones attendent leurs résultats catastrophiques avec le sourire. Ils sont heureux d'être sortis de la crise par le haut. D'avoir été choisis par Méga-Man. Selon eux, c'est la preuve indubitable qu'ils sont les meilleurs. Les meilleurs des meilleurs.

Leur expérience rouge est déjà un souvenir de jeunesse qu'ils pourront raconter plus tard à leurs enfants. On les appellera papa et ils hocheront fièrement la tête en pensant à ces picaresques heures de rébellion, les cheveux en pétard, la cravate sur le biceps, marchant imperturbables face au Boss. C'était quelque chose, tout de même.

Ils savourent leurs sodas comme s'il s'agissait d'un grand cru. Quelle belle invention, le soda. Numéro 2 s'extasie sur les voitures qui défilent en contrebas. Toutes ces mécaniques parfaitement huilées. C'est merveilleux le progrès. Numéro 3 réalise que le café qu'il boit à l'instant a été fabriqué à l'autre bout de la planète par un petit paysan travaillant dans un pays sûrement très pauvre. Et grâce à ce geste anodin, boire son café, le clone lui tend les bras avec bienveillance. Il l'aide à s'intégrer au marché mondial. Simplement en buvant un café ! Si ça se trouve, le petit paysan pourra un jour devenir riche. D'ailleurs, il paraît que, dans certains pays, ils ont déjà la télévision. En pensant à son petit paysan, Numéro 3 a les larmes aux yeux. Tout cela est tellement beau.

Semaine 10

Lundi 9 h 01 : Brainstorming

Le temps propulse l'étage vers le rachat. Tel un bolide, droit devant, en plein dans le mur. Et personne ne réagit. Il faudrait trouver une parade. Mais pour le moment, c'est la page blanche. Je me dégourdis les jambes, flâne du côté des clones, végète à la fenêtre. Rien. Sinon le vide.

Je dois changer de perspectives, brasser les méninges. Tentons la méthode du proverbe inversé : Bière qui mousse n'amasse pas les rouleaux de printemps. Tant va la cruche à l'eau qu'à la fin elle se baigne. La faim justifie la pizza quatre fromages. Toujours rien. Il me manque un booster. Un aérateur de ciboulot. Voyons voir. Plastique, carton, papier. Niveau psychotrope, c'est pauvre. L'azalée ? Pourquoi pas. C'est assez expérimental mais peut-être renferme-t-elle quelques substances psychédéliques.

Je détache un premier pétale, le porte à mes lèvres, le mâche avec solennité. Le goût est amer. Aucun éléphant rose. Un deuxième. Mer calme. J'enchaîne.

Trois, quatre, cinq. Au dixième, mon estomac ressent les premiers effets. Côté cérébral, ça traîne encore. Allez-y, mes synapses, envolez-vous ! J'en appelle à toi Albert, grand inventeur du LSD, toi et ton vélo ailé, j'en appelle à la guitare de Jimi, aux lunettes de John, au condor du Machu Picchu, au nirvana des *seventies*, à tous les calumets de la paix, aux cumulonimbus éthyléniques, aux champignons magiques. Poudres, herbes, pilules en tout genre, aidez-moi ! Dites-moi comment stopper l'inéluctable rachat.

Enfin quelques images mentales : Solénoïde portant du lait, Gégé buvant sa bière, Géraldine gobant des pizzas. Merde ! C'est zéro ! Si la tête me tourne, l'estomac, lui, fait carrément la toupie. L'azalée ressemble à un bonzaï. Ses pétales forment une boule compacte derrière mon nombril. Le seul *bad trip* qui s'annonce est une course sprintée vers les toilettes.

Lundi 15 h 00 : Solénoïde manipulée

Je n'ai rien vomi mais suis plus barbouillé que jamais. Les bras écartés, je m'oxygène dans le couloir pendant que Gégé cherche sur Internet si la plante contient quelques toxines mortelles. Le tertiaire dans toute sa splendeur.

Pour la centième fois de la journée, Solénoïde range ses affaires. La colle à la place de la colle. Les ciseaux à la place des ciseaux. Qu'y a-t-il, madame l'agrafeuse ? Prenez garde ! Si vous n'agrafez pas correctement, maman va se fâcher. Et surtout toi, vilain scotch, tiens-toi plus tranquille.

Un stupide manège animiste, voilà quelle sera mon ultime vision de ce monde. Comme une dernière prière, je lui suggère de mettre les ciseaux derrière la colle. La spécialiste me regarde avec dédain : « Ce n'est pas possible. Avant de coller, il faut forcément découper. » Mais où avais-je la tête ? Elle a tellement raison. Auguste Solénoïde, toi qui vis sous un néon, toi qui incarnes avec autant de justesse l'être et le néant, sache que je compatis.

Le téléphone sonne. Miss Papeterie décroche, appuie sur un bouton, s'apprête à revenir à sa maison de poupée, se ravise, sort une feuille, s'empresse d'y ajouter une ligne. Quelle est cette nouvelle procédure ? Elle m'explique que le tableau est destiné à Méga-Man. Pour savoir qui appelle et qui est demandé.

Malheureuse ! À fournir ce genre d'informations, tu seras bientôt remplacée par une puce électronique dernier modèle, avec musique niaise et message édulcoré : « Pour joindre votre correspondant, appuyez d'abord sur la touche étoile. Puis le neuf, le deux, le quatre. Bip bip bip. »

Inconsciente, la gourde me montre avec fierté une liasse manuscrite. Comme il est interdit de photocopier les factures de téléphone, elle les recopie à la main, une par une, chez elle, le soir. Encore une demande du Spectre. Mais il faut n'en parler à personne : c'est leur secret. Les pétales se mettent à twister. Mon estomac fait un salto. Le *Great Spirit* s'empare de moi. « Là, Solénoïde, tu es vraiment trop... » La fin de ma phrase contient des morceaux de pétales ramollis. Direction les toilettes en quatrième vitesse.

Mardi 10 h 00 : Parce que je suis un destin

Anéanti, je trifouille les boutons de la photocopieuse, explore les options. Christelle-mon-ange vient à moi. C'en est presque irréel. Comme un tableau de Vermeer. Je l'imagine dans une salle à manger rustique, entourée de couleurs, un ruban dans les cheveux, le peintre retouchant finement les plis de sa robe, le reflet d'un carreau, quelques grains de lumière.

Et comment lui dire ? Peut-être par le regard ? Je plisse les yeux. Étreins-moi ! Ma demande doit être aussi vitale qu'une trachéotomie, un massage cardiaque, un bouche-à-bouche. Je sens le malaise me gagner. Mmm... délicieux coma. Prêt à m'effondrer, je tends déjà les lèvres.

Elle me demande où j'en suis avec le tour des chatons. S'ils sont encore vivants. Parce que faire du mal aux animaux, c'est insupportable. Je les avais oubliés, ceux-là ! Bien sûr qu'ils sont encore vivants et elle a raison : faire du mal aux animaux, c'est un coup à... Attends, ma belle... Reviens plus tard. Sur mon écran mental, l'idée jaillit en bloc. L'illumination. Personne ne supportera qu'on s'attaque au plus faible, au plus débile, au plus innocent de tous. Au compositeur.

Si plus personne ne travaille, l'entreprise perdra sa valeur et elle ne sera jamais rachetée. Le plan devient évident. Somnifère, cartable noir, lettre de rançon. Que du juteux ! J'imagine déjà le bloc de poils isotrope disparaissant sur lui-même, happé par son propre fondement. Slurp ! L'affolement général. Le rendement au zéro absolu. Le Boss catastrophé. Le Spectre en chômage technique. C'est moche. Gratuit. Incompréhensible. Donc, c'est la solution : kidnapper Mozart.

Ce qui compte, c'est la gratuité. Comme un cadeau. Un cadeau fait à la boîte. Pour qu'elle survive. Adieu, courbettes de godiche et espiègleries pondérées. Adieu, affabilités chafouines et modiques galéjades. Cher monsieur Méga-Man, je suis de retour.

Mardi 15 h 00 : Détournement d'attention

Tout d'abord, de la méthode. Pas de bon enlèvement sans bon somnifère. Avec les siestes que nous fait Géraldine, le produit est tout trouvé. Je m'amène d'un air innocent : « Dites-moi, Géraldine. Annie veut vous voir au sujet d'une blague que vous lui auriez faite. Vous auriez permuté son siège avec celui qui sent mauvais. » Ni une, ni deux. La secrétaire charge droit sur moi ! J'ai juste le temps de m'écarter qu'elle fonce dans le couloir à bride abattue. Dans son cas, niveau énergie cinétique, c'est le facteur masse qui est important. Entre chaque enjambée, la graisse se soulève en de magnifiques trajectoires paraboliques. Baloum baloum baloum. Le sol vibre, la quincaillerie de l'étage tressaille. Le mammouth volant va-t-il prendre son virage ou se fracasser sur la porte du débarras ?

Décélération constante, maîtrise de la force centrifuge par une audacieuse inclinaison du bassin, Géraldine rebondit sur le montant de porte avant de disparaître dans le bureau d'Annie. Me voilà seul avec Christelle. Désolé, mon ange, tu vas encore passer à la trappe. Remettons nos ébats à plus tard et va donc voir si ta collègue en furie n'est pas en train d'assommer Annie-les-gros-mollets à coups de mamelles géantes. La stagiaire se précipite.

J'ouvre le tiroir. « Fracatol. Médicament délivré uniquement sur ordonnance. » Oui, mais là c'est pour un kidnapping. Ah bon ? Alors allez-y, servez-vous. Merci, au revoir.

Mercredi 16 h 20 : Opération Évaporation Canine

J'ai la concentration des grands jours, le tao. En attendant l'arrivée de la bête, je me décontracte en interprétant une mazurka sur clavier azerty. L'ordinateur en est stupéfié, notamment lors du passage exécuté à grands coups de poing : « k(zo ytpod "^p,hrd; ùrtvo fr bpytr vpù^t"jr,dop, ».

Une salve d'aboiements interrompt la représentation, les choses sérieuses commencent. J'attends un peu, passe un œil dans le couloir. Personne. À pas de velours, je me faufile jusqu'à la salle de pause. Mozart frétille. Viens mon chien-chien. Mange le susucre. Et hop ! Un Fracatol. Tu vois comme t'es con, tu ne l'as même pas senti passer.

En quelques minutes, le yorkshire se ramollit. Sa tête toupine lentement. Un strabisme hyperdivergent lui permet de voir partout à la fois. Il tangue. Le plus étonnant dans sa transformation, c'est qu'il sourit ! Alors, caïd, ça fait quoi d'être un gentil ? Aucune réponse. Dans son trip intersidéral, l'animal ne saisit plus ma présence. Je le soulève, il est tout mou ! Je le dégouline dans le cartable et regagne mon bureau, incognito.

« Mozart ? Mozart ? » C'est parti. Je rapplique nonchalamment, cartable à la main. Si j'ai vu Mozart ? Non. Pourquoi ? Il s'est échappé ? Pas possible ! Solénoïde est persuadée que Mozart a pris l'ascenseur tout seul. Le staff se met à chercher l'animal, Boss y compris. Numéro 2 ouvre les fenêtres pour voir en contrebas s'il n'y a pas de chien écrasé. Martine vérifie ses tiroirs. Géraldine parle une langue inconnue : « Tititi tititi. »

Alors que je fais mine de regarder sous les bureaux, un hululement s'élève à côté de moi. Je frappe le cartable d'un grand coup mais la sérénade continue. Je le secoue, appuie dessus. Rien à faire : Mozart compose. Direction le débarras. Je transvase le contenu poilu dans le carton top secret. Le maestro cesse ses arpèges. Son corps ondule comme une algue. Ensuqué à mort, il suit du regard des objets invisibles, essayant même d'en attraper certains. Drogué, va !

Je referme le carton, le cale sous une pile, sors d'un bond, tombe sur Gégé qui participe mollement aux recherches, les deux mains dans les poches. Il me tire une sale moue : « Tu déconnes plein pot. » Faire de la bureautique un sport extrême, à son âge, ça le perturbe.

Mercredi 20 h 00 : Choc thermique

Tout le monde est parti. L'étage est silencieux. Il est temps d'aller prendre des nouvelles du monstre. J'ouvre le carton, tombe sur une vision cauchemardesque. La sensualité aquatique a laissé place à de violentes convulsions. Les yeux du york sont à moitié révulsés. Sa respiration ressemble au hurlement d'un moteur de mobylette poussé à bloc. Je le touche, il est bouillant !

Panique totale. Que faire ? Un massage cardiaque ? Une trépanation artisanale ? Un choc. Oui, c'est ça. Un choc thermique ! Je m'empare du seau, ouvre le robinet d'eau froide, me saisis de l'animal et plouf ! Quelques secondes d'apnée. Encore la mobylette. Re-plouf ! Dix secondes. Encore la mobylette. Re-plouf ! Dix secondes. Plus rien. Enfin, plus qu'une serpillière trempée. Plus de bruit. Plus de tremblement. Je le secoue, l'essore. Aucun signe de vie.

Si ! Une faible respiration. J'explose d'un rire nerveux. Petite canaille ! Me faire une frayeur pareille. Allez mon poilu, à la cave ! Direction les oubliettes. Personne n'y va jamais. Une boîte de croquettes, un bol d'eau, une bonne dose de silence. Crois-moi, cette retraite rendra tes aboiements plus modestes. Profites-en pour faire le bilan et purifier ton esprit.

Jeudi 9 h 00 : Relaxe générale

« Hou-hou-hou. » Solénoïde est inconsolable. Depuis ce matin, elle nous pousse un gémissement entre la sirène de pompier et le brame du cerf. Impossible de se concentrer. Christelle-mon-ange cherche des mouchoirs. Géraldine prépare une tisane apaisante. Martine Marteau signale un article sur les kidnappings d'animaux. Le drame est en train de gagner toute l'équipe. La réunion de crise s'impose.

Les traits tirés, le Boss tente de remettre un peu d'ordre. Mais Numéro 6 monte au créneau : encore une semaine où il lui est impossible d'atteindre ses objectifs. Martine Marteau déclare qu'on fait plus de chiffre au mois d'août. Les clones se tordent de douleur. Annie accuse Géraldine, laquelle se contient de renverser la table sur la moitié de mes collègues. Gégé proteste énergiquement : « Foutaises ! » Loto cadre ? Burotron ? Non. Pour une fois, il le pense vraiment. Tout le monde parle en même temps et la sirène redémarre : « Hou-hou-hou. »

Le Boss s'affaisse sur sa chaise et n'en finit pas d'expirer. On dirait qu'il va se dégonfler jusqu'à devenir une peau vide que Méga-Man pliera pour la ranger dans son attaché-case.

Jusque-là impassible, le Spectre chuchote quelques mots à l'oreille de notre chef puis se lève. L'assemblée fait silence. D'une voix froide, il déclare que tout sera mis en œuvre pour que cette affaire soit conclue dans les plus brefs délais. Quoi qu'il en coûte.

Les clones frémissent. Numéro 5 tient à signaler qu'il n'y est pour rien. Numéro 2 suit le train. Numéro 6 se lève la main sur le cœur : jamais il ne se rendrait coupable d'une telle atrocité. Robert Houdin déclare lui aussi honnir l'odieux farceur. Et qu'il est encore moins responsable que les autres. Comment cela, moins responsable ? Numéro 5 s'apprête à renchérir sur sa pureté en la matière lorsque, d'un geste sévère, le Spectre renvoie tout le monde travailler. Et que ça saute !

Jeudi 14 h 00 : De bien belles théories

« si tu ve Medor 1000 euro sou lescalié avan midi e reviande apré 4 ur. » La calligraphie est grossière, une touffe de poils grisonnants scotchée en dessous du poème.

« C'est un coup monté ! » lance Numéro 2 avec assurance. « Je n'y crois pas une seconde. L'orthographe sonne faux. Il y a forcément un truc. Une émission de télé, un coup marketing, une étude sociologique. De toute façon, on nous prend toujours pour des cons. » Brillante démonstration. Avec lui, même une barbe-à-papa deviendrait suspecte.

« Les banlieues primitives envahissent le centre-ville, réplique Gégé en grande forme. C'est l'avènement d'un nouveau mode économique. Fini l'ultralibéralisme pépère. L'inversion des valeurs a commencé. » Très perspicace, surtout pour quelqu'un qui connaît toute l'histoire.

Numéro 5 déclare en plissant les yeux qu'il faut être plus malin que les ravisseurs. Ses congénères survoltés partent immédiatement en vrille. Ils élaborent le plan du siècle : un planqué dans le hall, un autre au coin de la rue, le troisième coordonnant les opérations depuis l'étage. Merci Hollywood.

Géraldine tempère les ardeurs. Sa formation de secrétaire l'autorise à conjecturer que nous avons affaire à un authentique psychopathe. Question de graphologie. Selon elle, tout cela est dangereux au plus haut point. La seule attitude rationnelle est de confier l'affaire à des spécialistes : la police. À chacun sa rationalité.

Annie-les-gros-mollets ne peut s'empêcher d'ajouter son grain de sel : « Si ça se trouve, il est déjà mort. » Hou-hou-hou ! Bien joué, madame la perverse. Quant à Robert Houdin, il entrevoit un sens caché à tout cela. Selon lui, la vérité est ailleurs. Cette foire d'empoigne le fait même sourire. Solénoïde lui lance un regard noir. Se tournant vers moi, la candide me demande combien on peut retirer au guichet d'une banque. Autant que ton compte le permet, mon enfant. En billets de cinquante, ça m'arrangerait.

Vendredi 8 h 00 : Les préparatifs

Chaque fois que le standard sonne, Solénoïde interrompt son hululement, regarde droit devant, décroche le combiné : « Allô ? C'est le kidnappeur ? Non ? » Et les pleurs reprennent. Sur le plan marketing, nous voilà au top.

Géraldine a préparé un immense saladier de mousse au chocolat pour quand tout sera terminé. Elle précise que c'est meilleur quand les ingrédients ne sont pas trop mélangés. Je soulève le récipient. Il pèse une tonne.

Numéro 2 revient avec un téléobjectif monstrueux. Vu la taille du machin, ça sent le transfert à plein nez. Ses interminables histoires de focales ne font que confirmer ma théorie de la frustration. S'il en avait un peu plus dans le slip, il ferait de sacrées économies.

Je le retrouve en train de shooter chaque passant en marmonnant : « Petit pédé. » S'apercevant de ma présence, il m'explique que le kidnappeur est forcément parmi ces types. Logique débile ou homophobie primaire ? Les deux, mon capitaine.

Martine Marteau et Numéro 6 passent l'après-midi à échafauder hypothèses, contre-hypothèses, contre-contre-hypothèses, etc. Finalement, afin de ne pas mettre la vie de Mozart en danger, aucun plan cosmique n'est tenté. Une conclusion pareille, moi, je la trouve en deux minutes.

Alors, Gégé. Tu as vu ? Plus personne ne bosse ! Même les clones. Ne suis-je pas le grand vainqueur du Burotron ? La boîte ne vaut plus un kopeck. Méga-Man va abandonner. C'est sûr. Gégé me regarde désespéré. Le coup du york, il était contre depuis le début. Du coup, il fait sa chochotte : « Avec tes trouvailles sensationnelles, tu vas finir par tous nous mettre au chômage. »

Vendredi 16 h 00 : Le retour du héros

En qualité de géant, Numéro 3 a accompagné Solénoïde à la cave. L'équipe au grand complet attend leur retour face aux portes de l'ascenseur. Je surveille d'un œil Géraldine susceptible de rentrer à tout moment en vibration et de l'autre la bouche de Christelle-mon-ange susceptible de me faire rentrer à tout moment en vibration.

Les portes s'ouvrent enfin. Solénoïde apparaît tout émoustillée. Dans ses bras, le york dort, gueule entrouverte. Au sommet de son art, notre standardiste s'écrie : « Mon Mozart ! Il attendait gentiment dans la cave. »

Applaudissements, hourras, bravos. Gégé ouvre une bouteille, Robert Houdin sort le jeu de cartes, le Boss déclame quelques alexandrins. Verres en plastique, chaises, discussions animées, chacun peaufine son récit extraordinaire en prévision du prochain repas de famille. Seul hic : je retrouve le saladier de mousse au chocolat vide. Géraldine s'excuse : « Je stressais tellement, je n'ai pas pu me retenir. »

Mozart se réveille. Il monte une gamme chromatique identique à celle qu'il avait poussée lors de son kidnapping. Solénoïde applaudit. Observant le rescapé de plus près, je constate avec effroi que celui-ci continue son trip intersidéral, flottant dans l'espace tel un pollen délicat, scrutant des objets invisibles autour de lui, souriant niaisement de sa condition. Les effets du Fracatol ne se sont pas estompés. Pis, il a un étrange début de calvitie : deux trous rouges au côté droit.

Semaine 11

Lundi 9 h 00 : Le Boss passe aux aveux

Ainsi, le Boss brade la boîte en catimini. C'est trop facile. Bien décidé à en découdre, j'entre sans frapper. Mon supérieur est au téléphone. À l'autre bout du fil, une voix féminine piaille en continu. J'investis un siège, lève un sourcil, me tapote le menton.

Face à moi, le dinosaure reste silencieux. Il n'a plus la force d'aller de l'avant. Il subit plein pot. Lentement, sa main s'abaisse à l'horizontale, pose le combiné à même le bureau. L'interlocutrice continue sa cascade d'insultes comme si de rien n'était. Soutenu par ce fond sonore de circonstance, je lance à mon supérieur un regard sévère.

Que crois-tu vendre ? Une collection de chiffres comptables ? Un répertoire bien fourni ? Un alléchant carnet de commandes ? Tu as voulu nous mettre dans les rayons d'un supermarché mais tu t'es trompé. Ce qui avait de la valeur t'a échappé. Penses-tu que l'on puisse remplir son caddie de souvenirs surgelés ? Y a-t-il souvent des promotions sur les amitiés par paquet de six ? As-tu déjà vu une boîte de sourires entre les haricots et l'huile d'olive ?

Encore quelques éclats, puis la voix laisse place au silence. Le boss me regarde. Je lui demande franco s'il est en train de vendre la boîte. Il ne réagit même pas. Ni sursaut d'orgueil, ni acte de bravoure, ni même de ces faux plats dont il était autrefois friand. Derrière le masque, il n'y a plus personne. Allant à l'essentiel, question de survie, il me lâche : « Ils m'ont promis qu'il n'y aurait pas de licenciement. »

Une fois dans le couloir, je ne ressens rien. Comme lorsqu'on apprend la perte d'un proche mais que la douleur n'est pas encore là. On se retrouve à l'attendre. À se demander ce qui se passe, pourquoi les larmes ne viennent pas, pourquoi tout est si calme.

Lundi 15 h 00 : Freud, Mozart et moi

Mais qui s'aventure dans mon bureau ? On dirait une sorte d'otocyon. Vous savez, ces petits mammifères imberbes avec des longues oreilles. Sa démarche est chaotique, sa tête rase le sol comme s'il avançait au radar. Mozart ! Telle une voiture radioguidée, il accélère, dérape sur la droite, fait un tour complet sur lui-même et boum ! Il se matraque violemment la tête contre la porte.

Solénoïde accourt . « Mon chouchou ! » Elle prend le york pelé dans ses bras et le ramène derrière le comptoir. Sans doute espérait-elle que la présence du convalescent passerait inaperçue mais le choc a été si violent que la moitié du staff vient aux nouvelles. Numéro 5 prodigue quelques caresses au dégénéré

Martine Marteau lui offre un échantillon de lotion capillaire. Et Géraldine propose même la carte de visite d'un psychologue pour animaux. J'imagine d'ici le thérapeute barbe blanche exposant à une Solénoïde éberluée ses magistrales théories :

« Nonobstant le fait que mais encore, il s'agit à n'en pas douter d'une névrose post-traumatique. Sans doute le kidnapping a-t-il réactivé un trauma beaucoup plus ancien mais devenu inconscient. Si j'en crois maître Whawhaw, cette blessure originelle pourrait se rapporter à la nudité. Moui... Soyons lacanien : votre poilu de chien voulait être à poil ! Cette calvitie subite est une hystérie de conversion. Le kidnapping a activé des fantasmes masochistes qui ont réveillé son désir. Mais comme sa structure névrotique lui interdit de concrétiser ses pulsions refoulées, nous assistons à une somatisation dépoilante. »

Un laïus d'une telle esthétique méritera sûrement un double transfert : Solénoïde renversant l'analyste sur le divan, Mozart s'agrippant frénétiquement à sa jambe. Pauvre homme. En attendant, Mozart est devenu la nouvelle coqueluche de l'équipe. Je suis sûr que même Méga-Man en pince pour notre mascotte. Normal : entre dégarnis, ils se comprennent.

Mardi 11 h 00 : Une gamberge réconfortante

Christelle-mon-ange entre. Je négocie la courbe de ses hanches, contemple ses bonnets charmants, me fascine pour sa mèche rebelle. Pour sûr que j'ai une minute. Bien plus même. Assez pour te faire le bleu, le vert, les vagues, le sable, le toit en feuilles de palmier, le poisson à volonté. On y va ?

Désappointée, elle me lance toute menue : « C'est mon premier stage et rien ne marche comme prévu. Le virus, la moquette, cette histoire de kidnapping. Mes études ne m'avaient pas préparée à cela. »

Oui ! Tu as frappé à la bonne porte et tu ne seras pas déçue. Je ne suis pas de ceux qui se contentent d'un dîner en plateau repas ou d'une soirée sur une banquette arrière. Avec moi, tu seras Fleur, je serai Tropiques. Tu seras Limbes, je serai Pacifique.

Tout est lié à l'audit, mon ange mais chut ! Regarde le détecteur. Ne le trouves-tu pas louche ? Il serait plus prudent de parler de cela à l'extérieur. Par exemple, autour d'un déjeuner. C'est moi qui invite. Elle scrute l'objet suspect puis acquiesce. Je la regarde s'en aller, m'offrant une dernière œillade sur sa cuisse légère et l'hémisphère parfait qui la surplombe : sa fesse compas.

Quelques instants plus tard, Gégé se pointe avec son nouveau Tableur (sherry brandy, kirsch, gin, vermouth dry). Il m'annonce que Géraldine, notre experte ès commérage, suspecte Méga-Man d'avoir torturé Mozart pour tester les nerfs de l'équipe. Fascinant. Mystère du téléphone arabe. Miracle de l'esprit humain. Joie de la création collective.

Je m'étire langoureusement. La boîte part à la dérive et cela m'indiffère. Dans moins d'une heure, je déjeune avec un ange.

Mardi 12 h 30 : Un beau soleil

Tu es là. Il n'y a plus ni cliquetis ni bruits de bouche. Le serveur virevolte. Ses plats n'en finissent pas de couleurs. Ton visage caresse l'horizon. Il y a des pétales dans tes cheveux. Après tant de retenue. Mais peu importe puisque tu es là. Nous allons vivre ! De la beauté simple d'une fleur à celle des partitions endiablées, des chemins forestiers aux sommets nietzschéens, de l'art de la table à celui de la sieste, nous allons vivre !

Je te découvrirai le monde, je t'avouerai tout. Les farces douteuses, les manipulations saugrenues, la glande quotidienne. Quel gâchis. Mon esprit était malade. Cela n'arrivera plus. Tu seras toujours ma destination lointaine. Voilà pourquoi je n'ai plus peur de toi. Parce que je ne formerai jamais l'image : tu me resteras étrangère. Je me blottirai contre ton sein, tu caresseras ma joue, nous nous endormirons à travers les âges.

À peine assise, elle se penche vers moi : « Notre standardiste était triste, alors je lui ai proposé de se joindre à nous. » Instantanément, j'imagine un voilier de rêve, une crique déserte, l'eau transparente, le clapotis des vagues, l'imperceptible tangage, la chaleur d'un soleil haut, moi ferrant le poisson, toi dorant sur le pont. Et Solénoïde bondissant de la cale, tube de colle dans une main, agrafeuse dans l'autre.

Ou sur les marchés de Bangkok. Les tissus ruisselant du ciel, le flot de visages qui nous enveloppe, toi pendue à mon cou, l'odeur de tes cheveux, ma main enserrant ta taille. Et Solénoïde sortant de la cabine d'essayage en tunique à grosses fleurs.

Ou encore cette nuit chaude dans un hôtel de Puerto Vallart. Je caresse tes jambes élancées. Tu déroules ton corps hyperbolique, creuses ton ventre. Toc toc toc. Qui est là ? « C'est juste pour vous demander où brancher la photocopieuse. »

Tu n'as rien compris. Nous avions ce moment et je me retrouve à jouer le pantin, faire risette et payer une salade végétarienne à Miss Supercruche en personne. Un hululement s'élève du sol. La secrétaire s'émoustille, prend son sac sur ses genoux, en sort le monstre. Ventrecouille ! Ne m'épargnera-t-on donc rien ? Le serveur se précipite, suggère une assiette de bouchées de bœuf trois étoiles pour l'animal. Au fond de ma gorge, une énorme boule m'empêche d'avaler. J'articule mais aucun son ne sort. Les secondes s'étirent. J'acquiesce au ralenti.

C'est l'échec. Elle ne m'aime pas. Elle ne m'a jamais aimé. Elle n'en a même sans doute jamais eu l'idée. Dès mon retour, je me rendrai au débarras. Une fois à genoux, j'inclinerai la tête. Mon visage s'enfoncera dans le siège empoisonné. Alors, inversant le plus grand des cris, j'aspirerai l'univers. Ce sera mon ultime révolte et, pour l'anecdote, le premier suicide au jus de maquereaux. Adieu, monde cruel.

Mercredi 9 h 00 : Convalescence à la française

L'odeur était insupportable, ma tentative de suicide a échoué. Je me suis rabattu sur un château-leoville-lascases 1982. Des fruits rouges bien mûrs, un boisé élégant, une note de tabac blond. Une pure merveille, même en plein naufrage. Avec Gégé, nous dégustons.

Mon pote gamberge : « Elle avait sûrement une bonne raison pour ne pas venir seule. Peut-être est-elle homosexuelle ? Ou fétichiste ? Cette façon qu'elle a de ne rien avouer, si ça se trouve, c'est tantrique ! Es-tu certain qu'elle ne fait pas partie des adorateurs de Louis XI ? Non, j'ai trouvé ! Bon sang, c'est extraordinaire. Tu es tombé sur un cas rarissime. Une de ces perles que certains cherchent toute leur vie. Tu t'amènes sans rien savoir, et paf ! La chance du débutant. Sacré veinard ! À coup sûr, ta Christelle est une adepte de la ceinture de chasteté. »

Ne te fatigue pas, Gégé. Tout est fini. Je veux devenir poivrot, vivre sous le bureau, pisser dans le tiroir. Et qu'est-ce que cette histoire de ceinture ? Ton hypothèse abracadabrantesque ne tient pas la route : elle porte des pantalons allumettes.

« Que nenni ! Ils en font des superbes en Trépaflex. Un matériau issu de l'aérospatiale. Ultraléger, ultrarésistant, pratiquement indétectable. Elle a sûrement confié la clef miraculeuse à son parrain qui la lui rendra le jour de son mariage. Pour toi, c'est le début d'une grande épopée : retrouver le parrain, subtiliser la clef, et délivrer la belle. »

Tu veux me faire croire que Christelle a un bout de satellite entre les fesses ? Et que je vais devoir amadouer un vieux grincheux qui fait partie d'un cercle de givrés ? Dis donc, tu n'y vas pas un peu fort ?

Le Boss passe dans le couloir. Gégé vide discrètement son verre dans mon azalée. L'arrosage le plus cher de l'année. Je fonds en larmes.

Mercredi 13 h 00 : Déprime sévère

Il n'y a plus un bruit. Peut-être sont-ils tous morts. Ou partis déjeuner. Dossiers en vrac, pagaille de papiers, stylos pêle-mêle, j'erre sur le champ de bataille. Putain de guerre. Le tiroir de Géraldine s'ouvre sans résistance. Roulettes en caoutchouc, butée de feutrine, le top. Je saisis la boîte, en extrais un comprimé, l'exhibe en articulant d'une voix sourde · « Fra – Ca – Tol. » La foule s'incline. Ma paume se referme sur le minuscule trophée. Avec un maximum de solennité, je reviens sur mes pas. L'azalée est moribonde mais, grâce à l'arrosage de Gégé, la terre a gardé toute sa souplesse. Mon index y creuse un trou sans difficulté. Je laisse tomber le trésor pile au fond. Adieu, vermine ! En quelques chiquenaudes, il disparaît. Je tasse le monticule. Voilà. C'est terminé.

Maintenant, tu bois. Fatigue ? Stress ? Surmenage ? Arrête de te mentir. C'est tellement évident. Ce qui monte en toi, c'est le point d'orgue, la scène finale ! Mozart, Christelle, Méga-Man, tous sont reliés au comprimé diabolique et lui à toi. À l'aide d'un crayon, tu trifouilles la terre comme un dératé. Tu l'exhumes, souffles dessus, le scrutes, l'approches de tes lèvres. Bouche ouverte, bouche fermée. La langue caméléon se déroule. Tu le gobes !

L'après-midi part en filaments. C'est dingue comme ce bureau penche. Sa tête n'arrête pas de dodeliner. A-t-il déjà mangé aujourd'hui ? Il faut éteindre les lumières. Ce Monsieur Gégé a l'air bien soucieux. Son formidable front fulmine. Est-ce bientôt l'après-midi ? Il a tellement sommeil. À qui appartient cette main terreuse ? Que de gestes, mes amis, que de gestes ! Qu'est-ce qu'il est drôle, ce Monsieur Gégé, avec son front. Il veut le raccompagner chez lui ? Mais pourquoi donc ?

Jeudi 9 h 00 : Y croire, à ce monde

Le Fracatol a dû se combiner avec l'alcool. Je ne me souviens de rien. Sinon qu'une fois dans la voiture de Gégé, j'ai oublié de baisser la vitre avant de vomir. Son front n'était pas content du tout. Maintenant, je reste assis. Immobile.

Un élevage de mollets, voilà ce que nous sommes. Pas le mollet fermier coriace à souhait. Non. Celui produit en batterie sous les bureaux, turgescent à mort, prêt à vous péter à la gueule et que l'on solde directement à la douzaine en tête de gondole. J'imagine l'avalanche de barquettes, les chairs écrasées sous film plastique et l'inévitable label rouge fluo « 100 % tertiaire ».

Ou plutôt des petits lutins dans un répondeur téléphonique. Fourmillant tels des moines au bord de l'extase collective, colportant leurs précieuses reliques bourrées de chiffres de bureau en bureau dans un incessant ballet bleu marine. Et lorsque la Main invisible presse le bouton *play*, le haut-parleur nous crie l'inéluctable phrase automate : « Personne de vivant par ici, réessayez plus tard. »

Mes collègues cavalent dans le couloir. De dossier machin en affaire truc, courrier untel. Ils y croient. À quoi ? Au bonheur, au progrès, peu importe. Le tout, c'est d'adhérer au réel. À du solide. Mots. Buts. Idées. Valeurs. Oui, même les valeurs sont affirmées haut et fort. Pas de place pour l'à-peu-près. Le système est complet.

Même le mystique a été recombiné. La preuve : ils *adorent* tout en vrac. Ce peintre, la cuisine vietnamienne, le temps qu'il fait, cette marque de vêtements. Chaque fois qu'ils débagoulent le verbe, je pense : « Tu n'adoreras que ton Dieu. »

On vous demande d'être créatif, passionné, ingénieux, responsable, engagé, ouvert d'esprit. Mais ne vous y trompez pas. Aucune entreprise ne prônera jamais l'humilité ou la tendresse.

Je me souviens d'un papillon de nuit tournoyant autour de l'ampoule. Avant qu'il ne s'épuise, je l'avais pris entre mes mains et accompagné vers l'extérieur. La nuit était transparente, sa bise étoilée. J'ai ouvert les bras. De mille circonvolutions, il s'est envolé dans l'obscurité.

Il m'arrive aussi de contempler béatement le dernier pétale de mon azalée. Ces instants sont insignifiants. La plupart du temps aussitôt oubliés. Ce sont pourtant les seuls qui comptent.

Jeudi 15 h 00 : Naissance d'un yogi

Je rampe jusqu'à la salle de réunion. C'est l'heure de la litanie hebdomadaire. À côté de moi, Numéro 6 se disloque en direct. Chaque morceau n'en fait qu'à sa guise. Les yeux s'agitent, la mâchoire remue, les doigts tapotent, l'autre main prend des notes et le genou pendule. *La Mitose du cadre mutant*, un documentaire animalier exceptionnel, un grand moment de vie.

Quant au pouce, il actionne frénétiquement le poussoir du stylo. Clic-clic clic-clic. Fin diplomate, je range ma plume, attends quelques instants, lui demande de me prêter l'objet. Et voilà. Tout en souplesse. Mais aussitôt, la table se met à vibrer, magnitude 2. Maintenant c'est sa jambe qui saute comme un ressort. Doing doing doing. Le pouce, la jambe... Ils sont combien là-dedans ?

Tu as forcé sur l'arabica ? Tu veux casser du chiffre ? Défoncer tes objectifs ? Boulonner nuit et jour ? Commence donc par me chercher une recharge de paper-board dans le débarras. Tu sais, juste à côté de la chaise assaisonnée. Par curiosité, j'y ai jeté un nez il y a quelques jours, c'était poignant. À coup sûr, tu vas trouver le truc carrément expérimental.

Numéro 6 revient en tirant une drôle de tête. Il pose la recharge comme un automate, va s'asseoir sans un mot. Lentement, il porte la manche de son costume à son nez puis repose son bras. La jambe ne gambille plus, les mains restent bien à plat. Déjà, on sent l'homme nouveau. L'être réunifié. La sagesse incarnée. Le prince du *rebirth*. Le grand manitou du transcendantal. Le pur esprit des sphères éthérées.

Vendredi 9 h 00 : Mauvais présage

Alors, tu me le fais goûter, ce Recommandé ? (rhum blanc, rhum brun, cognac, tequila, grenadine). Gégé lève le nez de l'écran, les yeux rougis, et s'excuse : il n'a pas le temps d'ouvrir le bar aujourd'hui.

D'après lui, l'audit touche à sa fin. Le rachat est imminent, tout comme sa préretraite. Aussi veut-il boucler son œuvre le plus rapidement possible. Même si dans l'affolement il vient d'effacer le répertoire des barbues, son objectif est de finir de trier les rousses avant le week-end. À force de loucher sur des seins et des fesses, mon pote est au bord de la tendibite.

Gégé est animé par la fulgurance créatrice : « L'univers est un segment de droite élastique qui s'étend des lèvres humides aux membres turgescents. » Si le XXe siècle était celui de la relativité et des quantas, le XXIe sera celui de Gégé. Bien entendu, son œuvre géniale sera d'abord incomprise. Les critiques le traîneront dans la boue. Ils démoliront son travail par la lorgnette de leurs jugements convenus. Mais le jour viendra où sa collection sera reconnue à sa vraie valeur. On l'évoquera comme le Cantique des cantiques du cybersex. On le portera aux nues. Si ça se trouve, on le citera même dans les églises.

Comme les rats quittant le navire, Gégé a compris d'instinct que la fin est proche. À cause des difficultés actuelles, le rachat va se faire à un prix inférieur à celui prévu. Mes facéties n'ont fait qu'accélérer les choses. Je me suis planté. En déstabilisant la boîte, je n'ai fait qu'augmenter la rentabilité de l'opération.

Échec avec la petite Christelle. Échec avec la boîte. Que me reste-t-il à prouver ? Je me sens d'humeur à manœuvrer un supertanker ras la côte. À entamer une carrière de mercenaire. À provoquer le prochain krach boursier. À faire de la politique.

Vendredi 16 h 00 : L'heure du face-à-face

Sans l'insistance de Gégé, je ne serais jamais allé au pot du vendredi. Cette semaine, les résultats des clones sont excellents. Bras dessus bras dessous, ils nous improvisent une étonnante gigue post-moderne. En compagnie de mon ami de toujours, je mâchouille une part de tarte aux pommes mal cuite. Tel un vieux trônant sur son banc, à l'orée de sa vie.

Tu sais, Gégé, je crois que je ne vais pas survivre au rachat. Ils vont sûrement me muter dans une de leurs succursales en pays hostile, avec des barbelés autour du camp. Une sorte de goulag capitaliste. Pas de licenciement, certes, mais passé quelques années, je reviendrai épuisé faire mes crises de paludisme en métropole et regretter le temps d'avant.

Le peuple a trop souffert. Les réserves sont vides. Les enfants pleurent. Même les plus téméraires commencent à perdre espoir. Je n'ai plus le choix. Je dois m'attaquer à la source du mal.

Azimuté par six heures de tri intensif, mon pote parvient tout de même à faire preuve de lucidité : « Tu t'attaques enfin au Spectre ? Tu en auras mis du temps. Ce duel, je le sentais venir depuis le début. » Ah bon ? Ce n'était pourtant pas si évident. Et quand bien même. Regarde les contes de fées. Même si l'on sait bien que le chevalier finira par sauver la princesse, on suit ses aventures le cœur battant.

Méga-Man est un homme. Il est faillible. Alors, rachat ou pas, nous allons le faire chuter. Nous briserons son ego. Nous en ferons un prince déchu. Je ne suis peut-être pas le héros de cette histoire, mais lui ne le sera jamais. J'en fais le serment.

Semaine 12

Lundi 9 h 00 : Méga-Man

Tirant un grand coup sur sa paille, Gégé s'envoie une nouvelle lampée de Mise en Demeure (kirsch, liqueur de café, cognac). Un chuintement ponctue la fin du breuvage, mais Gégé insiste. Sa pulsion est la plus forte. Il en veut encore. Ses muscles se tendent. Ses joues se creusent. Ses yeux s'écarquillent. Dans un immonde gargouillis, il aspire furieusement les dernières molécules d'alcool. Je feins l'indifférence jusqu'à ce que mon pote arrête sa répugnante exhibition et daigne enfin me dresser le portrait du Spectre :

« Méga-Man est sûrement né d'un détail : la remarque pertinente d'un cadre fraîchement diplômé, l'envie bien naturelle de faire ses preuves, un brin éphémère de lucidité. L'idée a plu, un regard s'est posé sur lui, il s'est senti exister. L'engrenage était en marche.

« On lui a demandé d'intervenir lors d'un congrès. Il a bien entendu accepté. Billet d'avion en classe affaires, chambre avec vue sur la ville, salle de conférence ultramoderne, l'apprenti a étrenné sa nouvelle paire de chaussures devant un parterre impressionnant d'hommes d'affaires.

« Comme le programme était surchargé, son exposé s'est limité à quelques phrases. Le président l'a rejoint sur scène pour lui remettre un trophée réalisé en verre. Des lettres s'y enchevêtraient sans que le novice puisse comprendre ce qu'elles représentaient. Peut-être une main avec des doigts tordus, une pieuvre à l'envers ou les projectiles d'une explosion.

« À son retour, ses collègues sont venus un à un le féliciter. Dans sa boîte aux lettres l'attendait un chèque de remerciement pour son allocution. Il y eut même un article dans le journal interne. L'intéressé s'y reconnaissait à peine. Était-ce lui, le jeune cadre souriant sur l'estrade, trophée à la main ?

« À force d'excursions dans le haut monde, il n'eut plus à jouer les habitués des hôtels luxueux. Il l'était. Arpentant les couloirs déserts, commandant au groom de nuit un plateau froid avant de s'enfiler un dernier dossier et s'écrouler de fatigue. Aux yeux de son entourage, il était évident que le jeune loup avait choisi sa voie. Celle de la réussite à tout prix. Tellement évident que personne ne le lui a dit. Pas le temps d'écouter, pas le temps de penser, comment aurait-il pu comprendre ce qui lui arrivait ?

« On voudrait que Méga-Man soit un méchant. Qu'il soit fautif. Mais le plus terrible, c'est que l'auditeur est comme vous et moi. Peut-être un peu plus doué, résistant ou chanceux... Ce n'est même pas sûr. Dans le fond, Méga-Man est ce que chacun de nous aimerait être : quelqu'un qui a su tirer son épingle du jeu. »

Lundi 14 h 00 : Noyé dans la masse

Le discours de Gégé m'a saoulé. Méga-Man un être comme tout le monde, cela me fait le même effet que le salaire misérable de Solénoïde, les certitudes bien arrêtées de Numéro 2, la solitude maladroite d'Annie. Tout cela est trop violent. La réalité est trop dure. Je ne peux pas lutter. Je suis contraint d'assouplir. De colorer. De parfumer.

À ce propos, côté olfactif, j'ai ma petite idée.

Dans la salle de réunion, Méga-Man lit un document tout en pianotant sur son ordinateur portable. Dès qu'il m'aperçoit, il dégaine son sourire automatique. Je passe l'éponge sur cette provocation directe et m'adresse à l'auditeur sur le ton de la confidence : obtenir une image instantanée de l'entreprise est une chose, mais la connaître en profondeur en est une autre. Clients mécontents, affaires mal ficelées, dossiers douteux, le passé peut cacher bien des surprises. Dommage que personne n'ait jamais fait de synthèse. Car il faudrait reprendre les archives une par une. Et travailler en toute discrétion, directement dans le débarras.

Au mot « travailler », Méga-Man se redresse. Il referme son portable, rassemble ses papiers, saisit sa calculatrice et fonce à l'assaut.

Victoire ! Réveille-toi, Gégé ! Le Spectre est dans la pièce contaminée !

Sortant de sa léthargie éthylique, mon pote n'en revient pas. Il qualifie mon subterfuge de génial et déclenche son chronomètre. Selon lui, le Spectre ne résistera pas plus de trois minutes.

Dix minutes plus tard, Gégé veut appeler les pompiers. Je suggère d'envoyer Numéro 6 en reconnaissance. Mais ce dernier n'a pas oublié l'épisode du paper-board. Avant d'entrer dans la pièce infernale, il se lance dans une étonnante séance d'oxygénation en respirant à toute vitesse. Résultat : au moment précis où le clone touche la poignée de la porte du débarras, il s'effondre, groggy. Gégé l'évacue discrètement pendant que j'appelle à la rescousse Numéro 2 et son thermomètre plat.

Sans quitter des yeux l'écran à cristaux liquides, Numéro 2 pénètre dans la pièce maudite. Quelques secondes plus tard, il en ressort en titubant. Il se cogne au mur droit, revient s'appuyer sur le gauche, avance en se collant à la paroi, manque de se faire un croche-pied, s'arrête, tente de retrouver ses esprits, décide de finir le trajet à quatre pattes. Arrivé au niveau du bureau de Gégé, sans quitter le sol des yeux, il me lance : « Vingt degrés. Pile. » Et l'auditeur? « Il travaille. » Avec Gégé nous nous regardons, médusés.

Une demi-heure. L'hypothèse de l'accident bénin a laissé place à l'angoisse du drame. Les familles sont abattues. Il n'y a plus d'espoir. Dans le plus grand des recueillements, j'envoie Solénoïde chercher une rame de papier. Elle se pince le nez, entre, revient blême : « Cette bauvaise odeur be rabbelle quelque chose. » À peine a-t-elle posé la recharge qu'elle se précipite aux toilettes. Aucune nouvelle du Spectre.

Une heure s'est écoulée. La bataille qui nous opposait à l'auditeur s'achève par un lugubre silence. Notre ennemi n'est plus. Nous devons ramener le corps. Question de respect. De dignité. Je me dévoue.

Dans le débarras, tout est désolation. Les nuages de poussière malodorants forment d'étranges volutes translucides. Perdue dans la brume, la lueur du plafonnier permet à peine de distinguer les dossiers qui jonchent le sol. Des splendeurs de mon repaire d'antan, il ne reste que des ruines, comme si un pilonnage intensif en avait retourné chaque parcelle. Ou que quelqu'un travaillait sur tous les dossiers en même temps.

L'image de Méga-Man se forme peu à peu. Il est assis sur la chaise du fond, toujours vivant. Il tourne lentement les pages du document ouvert devant lui. Un calme extraordinaire l'habite. Il a perdu toute notion du danger, s'exposant sans retenue à l'air vicié, se vouant à une fin certaine, victime de l'ivresse des profondeurs.

Mardi 11 h 00 : Un attrait inattendu

Alors que le Spectre vit ses dernières heures, je somnole, ouvre un œil. La petite Christelle est là, tournant sur elle-même, sa robe en cerceau soulignant sa taille. Sur son visage, la gaieté, une innocence amusée.

Elle s'étonne : « Mais qu'est-il arrivé à votre azalée ? » Impossible de lui avouer ma pulsion herbivore.

Je me redresse sur mon siège, mets en cause l'air conditionné, le taux d'humidité, les écarts de température.

Sans perdre son enthousiasme, elle fait un rapide tour d'horizon : « Ça pourrait être tellement gai ici. Tenez, ce grand mur blanc : pourquoi ne pas y accrocher une peinture ? Regardez ces dossiers : il serait temps de les ranger. Et ces stores : une fois dépoussiérés, ils seront bien plus beaux. Réfléchissez à tout cela, je m'occupe de l'azalée. »

De ses doigts fins, elle prodigue à la plante quelques passes magnétiques, sort de sa poche un sachet d'engrais, le répartit avec soin, revient munie d'un verre d'eau, arrose la terre, puis s'en va comme elle est arrivée, en un tourbillon de fraîcheur.

Quel succès inattendu ! La prochaine fois que je veux séduire une demoiselle, je lui offre un caillou moche, un tissu déchiré, un vieil évier cassé, une tête de sanglier, un piège à mouches et, bien entendu, une magnifique corbeille de fruits pourris.

Mardi 18 h 20 : Méga-Man surpuissant

Deux jours que Méga-Man travaille dans l'air contaminé du débarras. Après avoir fait sauter les cloisons nasales, le mal a certainement envahi sa boîte crânienne, entraînant une encéphalite de première. Je pronostique pour notre auditeur une fin similaire à celle de Mozart. Tournant en rond, se cognant aux portes, le cerveau spongieux, définitivement hors service. Adossé à la porte de mon bureau, je jubile par avance de ma victoire burotronique.

La porte du débarras s'ouvre avec fracas. Des écharpes d'une brume épaisse envahissent le couloir. Les grésillements du plafonnier éclairent par flashes l'étrange nuage en expansion. Soudain, surgit des profondeurs de la terre un membre rouge, chauve, tout en longueur. Le Spectre n'en finit pas de s'élever. Sa stature est plus impressionnante que jamais. Son visage est sec, son regard transperce la pénombre, s'élançant droit vers l'horizon. Le Spectre prend une profonde respiration puis, d'une trajectoire rectiligne, il fend l'air du couloir.

Ce n'est pas possible. Ce n'est pas humain. Ce n'est pas juste. Je lui emboîte le pas, le rattrape au niveau de l'ascenseur, soulève un sourcil interrogateur. L'auditeur me déclare froidement : « Maintenant, je connais l'entreprise comme personne. » Il époussette sa veste, s'introduit dans la cabine et me fait face. Avant la fermeture des portes, il trouve encore le temps d'ajouter : « Au fait, j'ai retrouvé le classeur de références. Il était dans un carton avec vos notes de frais. Vous ne vous les faites pas rembourser ? »

Je reste seul à l'étage. Les murs vacillent. Sous mes pieds, le sol se dérobe.

Mercredi 11 h 00 : Le Grand Pourquoi

Après la déconfiture de la veille, Gégé tente de me rassurer. Il pense même avoir la clef du Burotron : « Méga-Man est rigoureux, précis, déterminé. En un mot, il est rationnel. Et c'est justement là sa faiblesse. Car toute rationalité repose sur des axiomes invérifiables. En d'autres termes, si le Spectre est incollable lorsqu'il est dans son élément, il suffit de l'emmener aux confins de son système de pensée pour le plonger dans d'abyssales questions et provoquer chez lui un court-circuit psychique, une erreur généralisée, un dérèglement fatal. »

Sceptique, je laisse Gégé opérer. En attendant le résultat de ses puissantes manœuvres, je m'assieds à son bureau, soulève quelques piles, feuillette d'étonnants clichés. Tétons en gros plans, cuisses graciles et glands majestueux, Gégé concocte une version papier de son ineffable collection.

Une demi-heure plus tard, mon pote revient, sourire aux lèvres :

« C'est fait. J'ai inoculé le doute dans son esprit. Il n'y a plus qu'à attendre. En fait, j'ai utilisé la question du pourquoi. Si l'outil paraît simpliste, sache que, bien mené, il se révèle une arme redoutable. Admire le stratagème :

« Sous prétexte de faire découvrir au Spectre un exercice à la pointe du management, je lui demande pourquoi il fait ce job. Réponse de l'intéressé : Parce que j'aime ça. Oui, mais pourquoi vous aimez ça ? Parce que ça correspond à ma personnalité. Oui, mais pourquoi ça correspond à votre personnalité ? Parce que je suis un battant. Et savez-vous pourquoi vous êtes un battant ?

« Méga-Man bloque. À force de cogitations, il réalise que tout repose sur la question de l'identité. Je n'attendais que cela pour passer à la deuxième question : Qui êtes-vous vraiment ? Un auditeur. Non, ça c'est votre métier. Mais qui êtes-vous vraiment ? Un homme passionné. Non, ça c'est votre caractère. Mais qui êtes-vous vraiment ?

« Le Spectre essaie mille réponses mais toutes sont impropres à décrire son être en tant qu'être. Je n'ai alors plus qu'à donner l'estocade finale : Il est quand même étonnant qu'un homme aussi déterminé que vous ne sache ni qui il est, ni pourquoi il travaille. Enfin, moi, je dis ça comme ça. Allez, au revoir. Et vlan ! Je pars en claquant la porte. »

The Gege's touch.

Mercredi 15 h 00 : Conversion spirituelle

Depuis l'intervention de mon pote, Méga-Man reste cloîtré en salle de réunion. Je flâne dans le couloir, me penche, ferme un œil, ouvre l'autre au niveau du trou de la serrure. L'auditeur est avachi au fond de son siège. Il regarde fixement devant lui. Je me promène du côté de Gégé, attends quelques minutes, reviens jeter un œil. Même posture, même visage inexpressif.

Une heure plus tard, le Spectre est penché sur la table mais aucun document n'est posé devant lui. Il scrute les nervures de l'imitation hêtre du plastique stratifié qui recouvre l'immense plateau. De toutes ces années de labeur, il ne reste qu'une errance le long d'un sillon microscopique sur une table rase.

À la dernière ronde de la journée, je retrouve l'auditeur grattant fébrilement un texte à la plume. Un premier haïku ? La confession du repenti ? Son testament définitif ? La seule issue pour son âme est celle de la sagesse. Il lui faut trouver la Voie. Brûler de l'encens. S'exercer à la position du lotus. Porter des tuniques jaunes et rouges. Aller vivre au Tibet.

Jeudi 10 h 00 : Un nouveau culte

Victime de sa propre rationalité, le Spectre s'effondre sur lui-même. L'idée est délicieuse. En déambulant dans le couloir, je m'en délecte, heureux.

Dans l'open-space, se déroule un curieux manège. Les clones répètent au ralenti une chorégraphie synchronisée. Grand geste du bras droit, grand geste du bras gauche, menton au zénith, regard d'un côté, de l'autre, les deux mains tirent sur le col, puis, les pouces collés aux oreilles, les poignets tournent de manière alternée.

Posté en retrait, Numéro 5 bat la mesure à l'aide de son double décimètre. À mon arrivée, le coach m'explique qu'il s'agit d'un simple échauffement. Ils répètent les mouvements cultes de leur idole, Méga-Man.

Fier de me présenter le programme d'entraînement, Numéro 5 claque dans ses mains. Chacun regagne son atelier au pas de course.

Numéro 3 saisit un combiné téléphonique et appelle un premier client. Puis, il compose un deuxième numéro sur le téléphone de son voisin et joint un deuxième client. Tendu entre les deux postes, le clone essaie d'imiter la danse des portables. Si au début tout se déroule à merveille, la situation se dégrade rapidement. Il parle de rabais au mauvais interlocuteur, se trompe dans le prénom du second, finit par tout inverser. En raccrochant l'un des combinés, il se retrouve en ligne avec l'interlocuteur qu'il venait de saluer, essaie de sauver le coup, en vain. Cette semaine encore, ses statistiques seront catastrophiques.

De son côté, Numéro 2 a sorti un illustré. Sans quitter l'ouvrage des yeux, il tape à toute vitesse sur son clavier. L'écran affiche : « yztez, yz nz,z,r ,(rdy ^mid yt_d gtz$ovjr ». Devant mon air amusé, le clone me soutient que ce n'est pas si mal : le décalage n'est que d'une seule lettre.

Numéro 6 s'entraîne au multitâche avec la broyeuse à papier. Il doit insérer des feuilles dans la machine tout en cherchant des horaires de train sur Internet. De l'autre côté du bureau, les filaments de papier envahissent la pièce. « Niveau synchro, je suis bon sur l'entrée des documents. Mais la gestion des déchets pose encore problème. »

Tel un barreur d'aviron, Numéro 5 motive ses troupes. Il frappe dans ses mains et tous changent de poste. Lorsqu'ils apprendront que leur maître est en pleine crise existentielle, ce sera un sacré choc. À peine formés, déjà *has been*.

Robert Houdin débarque. Il est porteur d'une grande nouvelle : Méga-Man vient de libérer une partie de son après-midi pour leur délivrer « une formation à l'excellence ». La rencontre avec leur idole métamorphosée en moine troglodyte s'annonce grandiose.

Jeudi 14 h 00 : Le sens de la vie

Méga-Man entre en salle de réunion, ôte sa veste, se frotte les mains et nous enjoint sèchement d'inscrire sur une feuille la raison pour laquelle chacun de nous est présent à cette réunion. Les clones se ruent sur leurs stylos. De mon côté, je me contente d'un sobre : « Pour te voir choir. » Lorsque tout le monde a terminé sa prose, Méga-Man demande d'ajouter sous nos réponses un simple : « Pourquoi ? » *Damned* ! Il se sert de la méthode de Gégé !

L'exercice continue. Je fulmine. Au bout de quelques itérations, tout le monde bloque. Le Spectre reprend alors la parole : « Vous êtes partis d'objectifs individuels. Certains sont venus pour améliorer leur productivité, d'autres pour optimiser leur approche client, d'autres encore pour mieux gérer leur temps. Mais en fin de compte, si l'on va au bout de vos motivations, on trouve toujours la même réponse. » Et il inscrit sur le paper-board : PARCE QUE JE VEUX RÉUSSIR CE QUE J'ENTREPRENDS.

Les clones sont emballés. Que la phrase convienne à chacune de leurs situations relève selon eux du miracle. Je suis atterré. Le Spectre a fait du questionnaire de Gégé un nouvel argument de vente. Le voilà qui nous ordonne de retourner la feuille et de nous décrire en une phrase. Puis vient l'ajout : « Qui suis-je vraiment ? » La deuxième arme de Gégé passe elle aussi à la moulinette. L'exercice se conclut par une nouvelle réponse fulgurante : JE SUIS UN GAGNANT.

Chez les clones, c'est l'hystérie. Numéro 3 se lève et fait quelques pas de danse. Numéro 2 contemple sa feuille, hypnotisé. Robert Houdin applaudit. Dès ce soir, la découverte va faire le tour du Web avant de se retrouver le dimanche au repas de famille. Chacun sa feuille et son stylo, même vous les enfants.

Cerné de toutes parts, baignant dans une solitude incommensurable, je me propose à moi-même une troisième série de questions : Comment vais-je annoncer notre défaite à Gégé ? Comment ? Comment ? Comment ?

Vendredi 10 h 00 : À la Mozart

Chaque vendredi, l'ennemi passe à l'étage sur le coup des trois heures de l'après-midi. Il s'enferme en salle de réunion, travaille quelques heures et repart sans prévenir personne. Dès qu'il arrivera, nous enfermerons le Spectre dans l'ascenseur pour le week-end. Ni plus, ni moins.

Après avoir dégagé un coin de bureau, Gégé dispose le matériel : un tournevis, une pince coupante, une lampe de poche, un dictaphone. L'opération Torpeur spectrale peut commencer.

Première étape : saborder l'interphone de l'ascenseur. Alors que Gégé s'apprête à partir en mission, je lui demande l'utilité du dictaphone : « C'est un petit plus. Je vais dissimuler l'appareil au niveau du haut-parleur. Lorsqu'il appellera les secours, ça déclenchera un enregistrement des meilleurs chants de Noël interprétés à la trompette. Juste un extrait. Trente secondes passées en boucle durant tout le week-end. » L'idée est séduisante mais risquée. Je parviens à convaincre mon acolyte de renoncer à son entreprise sonore : mieux vaut ne laisser aucun indice et privilégier l'angoisse de l'inconnu. Que notre cher ami puisse s'imaginer quelques monstres tapis dans le noir, autour de lui.

Après un bon quart d'heure, Gégé revient et exhume de son cartable un magma de composants électroniques : « Il y avait deux fils. Un bleu et un rouge. Comme je ne savais pas lequel couper, j'ai arraché tout le bordel. Au moins, on est sûr qu'il n'appellera personne. Quant à son téléphone portable, n'y pense même pas. La cabine est une vraie cage de Faraday. Rien n'y entre, rien n'en sort. »

Aucun détail n'est laissé au hasard. Gégé sera posté devant le panneau électrique, moi-même surveillerai les allers et venues depuis l'escalier. Nous serons en liaison téléphonique permanente, simulant une conversation avec un client. Au moment où le Spectre pénétrera dans l'ascenseur, je devrai insérer dans la conversation : « Le tortillard s'élève. » Si par contre l'ennemi est accompagné, le code sera : « Pas de loukoum zinzolin aujourd'hui. » Enfin, si une réelle panne de courant survient au moment exact où le Spectre est dans l'ascenseur, il faudra dire : « Nyctalopie inopinée en tournée générale. »

Je tends à Gégé la lampe de poche. Il m'arrête d'un geste brusque : « Stop ! Nous allions oublier un élément essentiel. » Mon partenaire sort une ampoule de rechange pour la lampe de poche. L'autre éclaire parfaitement mais on ne sait jamais : elle peut être en fin de vie. C'est à ce genre de détail que l'on reconnaît les vrais pros. Ceux auxquels la victoire ne peut échapper.

Vendredi 16 h 00 : De profundis

Comme prévu, au pot du vendredi, personne ne s'inquiète de l'absence de l'auditeur.

Numéro 3 me fatigue avec sa nouvelle passion, son jeu de cartes *Money l'Assemblée* : « Jusqu'à présent, ma stratégie utilisait la *Délocalisation* pour contrer les attaques déloyales de la concurrence. Et, au cas où mon adversaire aurait un enchantement du type *Brevet international*, je lui sortirais une *Valise diplomatique* ou un *Appui politique*. Mais je viens d'acquérir aux enchères sur Internet l'arme ultime : la *Fermeture de site*. Pour seulement mille euros ! » Ai-je bien saisi ? Je parle à quelqu'un qui vient de dépenser mille euros pour acheter un bout de carton ?

Le clone s'apprête à renchérir lorsque Solénoïde fait une entrée remarquée : « Mozart a un comportement étrange. » Silence. Chacun regarde son verre. Géraldine tente une vague explication : depuis le kidnapping, l'animal a... comment dire... changé de personnalité. Mais la standardiste insiste. Elle entraîne Géraldine par le bras. L'équipe suit le mouvement.

Mozart oscille au milieu du hall d'accueil. Soudain, il s'élance et s'emboutit contre la porte de l'ascenseur. Il repart en marche arrière, récupère quelques secondes, s'élance à nouveau, se fracasse le crâne de plus belle, manque de s'évanouir, s'apprête à renouveler la manœuvre lorsque Solénoïde intervient et le prend dans ses bras.

Diantre ! Nous avions tout calculé. Les pannes de secteur, les retards du Boss, les aléas des visites. Tout sauf Mozart et les intuitions plutoniennes de sa maîtresse. Déjà elle clame que quelqu'un est bloqué dans l'ascenseur. Déjà elle appelle le dépanneur.

Le staff attend au grand complet devant les portes automatiques. Solénoïde demande si l'un d'entre nous a son brevet de secourisme. Géraldine a réservé une boîte de gâteaux pour le rescapé. Martine prépare une infusion *Douceur du soir*. Numéro 2 a sorti sa calculette. Numéro 5 mordille son téléphone portable. Dans son coin, Numéro 6 répète la fameuse chorégraphie.

Une heure plus tard, les portes s'ouvrent enfin. MégaMan apparaît, impeccable. Géraldine lui demande si tout va bien. La voix du Spectre est tranchante : « Oui. Il y avait une lumière de secours. J'en ai profité pour prendre de l'avance sur les dossiers. » Le Spectre s'engouffre et disparaît dans l'escalier. Le staff reste coi. Géraldine mange machinalement les gâteaux. Numéro 6 ne poursuit plus son exercice que d'un seul bras. Numéro 5 range son téléphone portable.

Certes, notre plan a échoué. Mais pour la première fois, tout le monde a réalisé qu'à l'évidence, chez l'auditeur, quelque chose ne tourne pas rond.

Semaine 13

Lundi 10 h 00 : Cartes sur table

Saturation de travail, manœuvre psychologique, élimination physique... Contre Méga-Man, nous avons tout tenté, nous avons tout planté. Il ne me reste plus que l'arme ultime : dévoiler le rachat à l'équipe.

Même si c'est la vérité, je risque gros. Vis-à-vis du Boss, bien sûr, mais également de mes collègues. Impossible de prévoir leur réaction. Vont-ils faire front ? Continuer comme si de rien n'était ? Si ça se trouve, ils verront même la nouvelle d'un bon œil ! Rien que d'y penser, ma main tremble, mon bras frémit, je somatise à fond.

Suis-je bête ! C'est mon bureau qui vibre ! Ça s'amplifie. Ça se rapproche. Puis soudain, plus rien. Toc toc toc.

« Entrez, Géraldine. Comment ai-je deviné que c'était vous ? Je ne sais pas. L'intuition sans doute. Je vous en prie, asseyez-vous. Vous tombez bien, je voulais vous voir. À propos de l'auditeur. N'avez-vous rien remarqué ? Ses absences aux pots du vendredi, son intervention éclair lors de la grève, son travail en cachette dans le débarras. En fait, ce Monsieur prépare le rachat de la boîte. Le Boss est en train de vendre. »

La déléguée du personnel se lance en arrière. Dans un affreux crissement, la chaise plie mais ne rompt pas. Tant mieux : si un montant cède, l'autre risque de se détendre comme un ressort et je me ramasse le pachyderme en pleine poire. Je recule discrètement mon fauteuil. Si ça lâche, je plonge sous le bureau et le patapouf s'envole par la fenêtre.

Géraldine secoue la tête. Elle ne me croit pas : l'auditeur ne fait rien d'autre que son travail d'évaluation. Il est sérieux, consciencieux, crédible. Nooooon, Géraldine ! Ne tombez pas dans ce piège ! Le costume de Méga-Man est séduisant, mais c'est un leurre.

Le visage de mon interlocutrice ballotte. En tant que déléguée du personnel, elle aurait été la première informée d'un tel événement. Géraldine ! En vérité, je vous le dis : l'auditeur est annonciateur des pires ennuis. Fusion, acquisition, assimilation, digestion. L'arrivée de la Bête mondiale dans notre famille.

Ma collègue encaisse mal la nouvelle. Pis que cela, elle la refuse. J'évoque ma piètre prestation pour la grosse commande, les suspicions de Gégé, les confidences du Boss. Rien à faire. Ses protestations couvrent ma voix. Elle ne m'entend plus.

Lundi 16 h 00 : Dessert machiavélique

Puisque ma parole ne suffit pas, je dois confronter le Boss au reste de l'équipe et lui faire cracher le morceau, quoi qu'il m'en coûte.

Je file à la pâtisserie, en ramène un énorme gâteau. Sous quel prétexte réunir le staff ? Le jour des commerciaux ? La fête des sacs à main ? Pendant que j'y suis, autant imaginer le centenaire de notre principal outil de travail, le téléphone.

Jugeant l'idée débile excellente, Numéro 6 se promet d'envoyer un e-mail à tous ses contacts afin de leur signaler l'importance historique de ce jour. Je garde mon calme. Numéro 2 apprécie que la technologie soit enfin reconnue à sa vraie valeur. Avec son aplomb habituel, il confirme la date anniversaire et nous explique comment Barnabé Bell eut l'idée de sa découverte alors qu'il jouait avec un bout de ficelle et des pots de yaourt. Emballé, Numéro 5 propose de renouveler l'expérience sur-le-champ. Solénoïde est très fière que l'on s'intéresse à ses yaourts.

La discussion s'enlise loin du rachat. C'est la catastrophe. Vaille que vaille, je monte en première ligne et tente de reprendre les choses en main : « Mes chers collègues, ne focalisons pas sur le moyen mais célébrons plutôt combien cette invention géniale a rapproché les hommes. Aujourd'hui, nous ne sommes pas simplement unis par l'outil mais par de grandes valeurs. »

Sourire aux lèvres, les clones dégustent mes paroles autant que leurs yaourts. Géraldine soupire à l'idée de devoir supporter l'un de mes interminables laïus. Gégé joue à faire tourner une cuillère sur la table. Martine Marteau sucre sagement son café. Le Boss, lui, est livide. Il a compris la manœuvre. Debout au milieu de l'assemblée, il ne bouge plus. Il ne se défend plus. Telle une bête traquée qui sait qu'elle ne peut plus échapper à son prédateur, il attend sa mise à mort.

Je l'achève : « Notre réussite repose sur la confiance. Même si ce n'est pas facile au quotidien, nous savons que l'entreprise sera là demain. Et que nous pourrons compter sur elle. À part, bien sûr, si le patron vend la boîte. »

Dans un sursaut ultime, le Boss rétorque : « Vous étiez au courant depuis des semaines. Vous n'avez rien dit à personne ? »

Numéro 2 s'est arrêté de gesticuler. Martine ne touille plus son café. La bouche de Géraldine est restée entrouverte. Gégé fixe sa cuillère. Lentement, elle ralentit sa course.

Mardi 8 h 20 : Mauvais virage

Tout est trop calme ce matin.

Je file à l'open-space. Numéro 3 est penché sur son ordinateur. Je le taquine : « Au fait, n'avez-vous jamais pensé à faire une chaîne comme au bon vieux temps du taylorisme ? Un qui téléphone, un autre qui note les rendez-vous, le troisième qui tape à l'ordinateur et le dernier qui colle les enveloppes. Question rentabilité, ce serait le top, non ? » Le clone me réplique avoir du pain sur la planche et pas de temps à perdre.

En repartant, je bute sur Annie qui sort en trombe de la salle de pause en portant un plateau sur lequel sont disposés un sucrier, une assiette de mignardises et une tasse de café. Elle me bouscule, trottine jusqu'au bout du couloir, frappe à la porte de la salle de réunion. En voilà une qui n'a pas mis longtemps à retourner sa veste.

Le bureau de Géraldine est envahi par d'énormes volumes à couverture rouge. Au centre traînent pêle-mêle quelques photocopies, une liste de numéros de téléphone, et ce qui semble être le brouillon d'une lettre.

Derrière son comptoir, Solénoïde a un comportement pour le moins singulier. Elle me scrute tout en essayant d'éviter mon regard. Comme je la fixe, il s'ensuit une sorte d'oscillation frénétique entre ma personne et le standard téléphonique. Je m'apprête à lui demander si tout va bien lorsque Géraldine s'interpose : « Ne vous en prenez pas à elle ! Vous ne croyez pas que vous avez fait assez de mal comme ça ? De toute façon, ici, tout le monde a compris votre double jeu. Vous étiez au courant depuis le début et vous n'avez rien dit. »

À présent, Solénoïde me regarde fixement. Revenue sur ses pas, Annie ne semble guère plus avenante. Postée à l'entrée de son bureau, Martine fronce elle aussi les sourcils. Numéro 6 traverse le hall sur la pointe des pieds. Face à la colère subite de Géraldine, je me sens tout petit. Vraiment tout petit.

Mardi 16 h 00 : Au revoir Robert

Depuis l'intervention tonitruante de notre déléguée du personnel, l'ensemble du staff me snobe. D'accord, je leur ai caché la vérité mais pour quelqu'un qui a essayé par tous les moyens de faire capoter le rachat, je trouve le jugement plutôt sévère.

Robert Houdin entre. Très à l'aise dans son costume gris, il tire une chaise, s'assied en réajustant le pli de son pantalon, m'adresse un sourire commercial avant de prendre la parole sur un ton maîtrisé :

« Cher collègue, je me sens à présent parfaitement intégré à mon nouveau poste. La dynamique positive du travail en équipe est une garantie certaine d'un bon épanouissement et d'une efficience maximale en terme de résultats. »

Je lui demande s'il continue la magie. Dégainant son nouveau Palm, il m'explique qu'il rentre désormais les paramètres de chaque tour sous forme de tableau. Et que deviennent le texte, l'histoire, la connivence avec le public ?

Un hennissement me fait sursauter. Son téléphone vient de l'avertir de l'arrivée d'un nouvel e-mail. Il se connecte et transfère les données sur le Palm afin de pouvoir les lire tout en continuant à converser avec moi.

Alors qu'il se perd en manipulations savantes, je remarque qu'il porte une discrète oreillette. Très fier de me présenter l'objet, il me soutient que le procédé lui permet d'être en contact permanent avec le monde. Cours de la bourse, cataclysmes naturels ou décisions politiques, rien ne lui échappe. Actuellement, il écoute la liste des valeurs technologiques sur le marché asiatique. Passionnant.

Prenant subitement un air attentionné, il me demande si « ça va bien ». Je ne peux dissimuler ma consternation. La jeune recrue est encore plus moulée que ses pairs. Elle a perdu la petite étincelle qui pétillait dans son regard. Ses traits ne reflètent plus de tension intérieure mais la simple retenue de ses chairs. Avec le temps, les rides se creuseront, les tissus se boursoufleront, peu importe : son visage est tracé une bonne fois pour toutes. Il n'évoluera plus. Robert Houdin a perdu son combat. Il est le nouveau Numéro 4.

Mercredi 11 h 00 : La fin d'un rêve

Tout de suite, je remarque que la petite Christelle n'est pas dans son état normal. Elle se dirige vers l'azalée, bute contre le meuble bas, reste immobile à contempler la plante moribonde. Après un long silence, elle me demande si ce que l'on raconte à mon sujet est vrai.

Mais que raconte-t-on ? Qu'est-ce qui est vrai ? Et comment lui avouer mes manigances ? Que comprendrait-elle à ce que je suis ? Des larmes coulent le long de ses joues. Sans un sanglot. Sans un mouvement.

Puis les pleurs cessent. Son poing donne de petits coups rageurs dans le meuble bas. D'un geste brusque, elle essuie ses pommettes et articule sèchement : « Plus jamais je ne pourrai vous faire confiance. »

Démarche mécanique, yeux rouges, regard fuyant, elle abandonne le *Zarathoustra* que je lui avais offert sur le coin de mon bureau et achève d'une voix étranglée : « Et dire que je l'avais lu uniquement pour vous. »

Mercredi 14 h 00 : Flash-back

Trois heures se sont écoulées. Cloîtré dans mon bureau, je n'ai pas bougé d'un pouce.

Je tire à moi l'ouvrage maudit, l'ouvre au hasard : « ... l'homme a peine à se porter lui-même. Parce qu'il traîne sur ses épaules trop de choses étrangères. Pareil au chameau, il s'agenouille pour se faire bien charger. Surtout l'homme vigoureux, endurant, pénétré de respect; il charge sur ses épaules trop de lourdes paroles, de lourdes valeurs qui lui sont étrangères. Et la vie lui semble alors un désert ».

Salaud de Nietzsche. Lui aussi, il s'y met ! Mais il arrive trop tard. Il n'y a plus de valeur à inverser. Plus de puissance à prôner. Plus de forts ni de faibles à dénoncer. Plus rien à déconstruire. En quelques mots, la petite Christelle a balayé l'univers.

Je feuillette quelques pages, tombe sur une note manuscrite. La douce écriture de l'ange. J'explore les suivantes. Presque toutes sont annotées. Phrases soulignées, références littéraires, réflexions personnelles, elle ne s'est pas contentée de lire cette œuvre immense. Elle l'a étudiée de fond en comble, jusqu'à en saisir les moindres détails.

Pourquoi tant d'efforts ? Qu'avait donc ce livre de si spécial ? Ses derniers mots résonnent : « uniquement pour vous ». Sa colère et ses larmes. L'intérêt pour mon azalée. Et maintenant sa lecture consciencieuse.

Ce fameux déjeuner où elle avait si peur de se dévoiler. Son appel à l'aide pour comprendre les récents événements. Ses compliments après mon absolution collective. Sa délicate attention pour la colombe. Sa déception face à ma maladresse lorsque j'étais fiévreux. Ses doigts mignons s'affairant fébrilement sur mes poignets. Tout me revient. Tout, jusqu'à sa première phrase. Son premier sourire. Son premier regard.

Elle m'aimait, et moi, je n'ai rien vu.

Jeudi 10 h 00 : Requiem pour un cadre

Ce matin, je me suis levé. Je me suis habillé. J'ai marché. J'ai pris l'ascenseur. J'ai encore marché. Je me suis assis. Sur mon bureau, une lettre m'attendait. Sans timbre ni adresse. Simplement mon nom, tapé à la machine. Le papier était blanc et lisse. Il y avait un texte dactylographié suivi d'une forêt de signatures. Celle de Géraldine. D'Annie. Peut-être celle de Martine. Et un tas d'autres que je n'ai pas reconnues.

« En l'absence de toute confiance en la direction, c'est d'une initiative solidaire que nous vous écrivons. Ces dernières semaines, vous avez jugé bon de dissimuler des informations qui nous concernaient tous. Ce manque d'honnêteté compromet gravement le fonctionnement de l'équipe. En effet, il nous est désormais impossible de vous accorder le moindre crédit et par conséquent de travailler avec vous. Sur les conseils de maître Voilier-Parboit, avocat près la

Cour de justice, nous vous enjoignons de tirer par vous-même les conséquences de cet état de fait en présentant votre démission dans les plus brefs délais. L'équipe. »

Première pensée depuis deux jours, un flash. J'invente la Marche funèbre (huile d'olive, vinaigre, moutarde, échalotes). Servir très frais et boire cul sec.

Jeudi 16 h 00 : Dernière cartouche

En refusant de signer la pétition, mon ami de toujours se retrouve lui aussi esseulé. En vain, il essaie de me remonter le moral : « Allons ! Moi aussi, j'en ai connu des tempêtes ! Capitaine de thoniers, aviateur solitaire, évadé de prison, pourfendeur de moulins. Ces affres sont passagères. Tu t'en remettras. »

Arrête, Gégé. Tout est fini.

« Tu plaisantes ! Un peu de panache, voyons ! Fais voir la lettre. Regarde ! Ton nom n'apparaît qu'une seule fois, en haut. Tu n'as qu'à la falsifier et l'adresser à Méga-Man. Le Spectre est tellement déconnecté, si ça se trouve ça va marcher. Au point où tu en es, tu n'as rien à perdre. Si tu te fais prendre, tu n'auras qu'à plaider le surmenage. »

Gégé démonte son cutter et commence à gratter le papier avec minutie. Les caractères s'estompent peu à peu. Une fois le travail accompli, il me met la lettre entre les mains, me pousse dans le couloir jusqu'à la porte de la salle de réunion.

Allez ! Gégé a raison. Le tout pour le tout ! Je toque, entre, et lance à celui qui se croit toujours mon ami :

« On vient de me remettre ceci pour vous. Ça va mal. L'équipe est persuadée que vous êtes l'auteur du kidnapping de Mozart. »

Méga-Man lit la lettre d'un trait. Sans même sourciller, il range le papier dans une pochette, me remercie poliment, puis reprend son travail, imperturbable.

Vendredi 8 h 10 : Quiproquo salvateur

L'ascenseur ralentit sa course jusqu'à l'arrêt. Haut-le-cœur. Les portes s'ouvrent. Méga-Man est posté devant le comptoir de Solénoïde. Il m'ordonne froidement de me rendre en salle de réunion. Je traverse le couloir dans un état second.

Annie, Numéro 5 et Gégé attendent déjà autour de l'immense table. Les retrouver est presque un soulagement. Solénoïde nous rejoint en tirant une drôle de tête. Puis vient le tour de Géraldine, de Numéro 3 et finalement du reste de l'équipe à l'exception du Boss.

Méga-Man fait irruption, claque la porte et bombarde : « Où vous croyez-vous ? Dans une cour d'école ? Je n'ai pas de temps à perdre avec ces enfantillages. Libre à vous de croire que j'ai participé au kidnapping de ce chien, je n'en ai que faire. »

Solénoïde se dresse d'un bond. Elle saute sur la table, la traverse à grandes enjambées, se jette sur le Spectre, le plaque au sol. Saisissant un de ses talons, elle le brandit comme un pic à glace au-dessus du crâne chauve. Martine parvient à retenir l'arme à quelques centimètres de l'œil de l'auditeur. Numéro 3 essaie de maîtriser la furie. Numéro 2 vient prêter main forte à son collègue. Ils soulèvent Solénoïde d'un bloc.

Le Spectre se dégage en rampant, titube jusqu'à la porte en se tenant le cou, se vautre sur la poignée et disparaît dans les toilettes.

Tout le monde est sous le choc. Géraldine secoue la tête . « Comment peut-on être aussi insensible ? L'auditeur est un immonde personnage. C'est lui le vrai responsable. » Solénoïde parle d'étripage à l'agrafeuse. Annie se pince les lèvres. Martine reprend son souffle. Numéro 4 avale une gomme. Gégé tire discrètement sa feuille de Loto Cadre.

Vendredi 8 h 25 : La fin d'une époque

Lorsque le Spectre revient en salle de réunion, son visage a repris sa couleur rouge habituelle. Lentement, il passe en revue chacun des membres de l'équipe, puis explose :

« Je le répète : accusez-moi de tous les maux, cela n'a pas la moindre espèce d'importance. La seule réalité qui compte est celle de l'acquisition prochaine de votre entreprise. Peu importe vos états d'âme. La libre concurrence ne laisse aucune place aux faibles. Pour survivre, il faut attaquer les marchés, innover en permanence, être sans pitié. Si vous n'êtes pas compétitifs, vous serez obsolètes et ce sera la clef sous la porte. En ces murs, seule la performance peut vous sauver. La semaine prochaine, chacun de vous sera évalué sur un objectif. Je rendrai mon rapport final en votre présence ainsi que celle de mon supérieur. Votre avenir est entre vos mains. Le temps des émois est révolu. Vous êtes ici pour travailler. »

Un par un, mes collègues retournent à leurs postes. Nous sommes vaincus. À l'étage, il n'y aura plus d'enthousiasmes collectifs ni de pots du vendredi. Plus d'épanchements charnels, de cocktails originaux, de glande massive, de manipulations rigolotes, de farces hilarantes. Il n'y aura plus de vie du tout.

Semaine 14

Lundi 8 h 10 : Cauchemar printanier

Quelques gazouillis depuis le réel. Ma conscience émerge des profondeurs. J'entrouvre un œil. La chambre est inondée de lumière. Étirements, bol de café, chaussures de marche, me voilà dévalant le chemin d'un pas souple. L'air frais chatouille mes narines, la terre craque sous mes pas, un papillon blanc ouvre la voie. Bosquet de lavande par-ci, thym sauvage par-là ; un mouvement furtif dans la végétation, je me retourne, Méga-Man ! Il tient une énorme masse à deux mains et boum ! Il m'enterre en un coup. Épouvanté par la violence du choc, je voudrais me débattre, je voudrais hurler. Impossible. Ma dernière sensation est le plat de son talon m'écrasant un peu plus le crâne, sans méchanceté aucune, juste le temps d'un appui, histoire de continuer sa route, comme si de rien n'était, droit devant.

Il est le surhomme dont parlait Nietzsche. Celui qui a su dépasser ses peurs, ses doutes, les méandres de sa propre psyché, pour servir le but qu'il s'est lui-même fixé : évaluer cette putain de boîte.

Et il se tient à l'entrée de mon bureau, arborant son inamovible sourire de vainqueur, le classeur de références à la main : « Maintenant qu'il est retrouvé, vous serez aimable de refaire la Charte Qualité pour vendredi. » J'acquiesce, laissant le maître continuer sa tournée. D'une voix glaciale, je l'entends distribuer les nouveaux objectifs à mes collègues et annoncer l'exposé de son rapport final lors d'une grande réunion en présence de son supérieur, Monsieur le Président.

Bien sûr, Méga-Man est enfermé dans sa logique comptable, assimilant chacun à un outil de production. Mais le pire, c'est que je ne vaux guère mieux. Moi aussi, je réduis mes collègues à peu de chose. Une ligne, un trait de caractère, un détail physique. Si mon économie est plus sentimentale, elle est tout aussi systémique. Investissement dans une boîte de maquereaux, capitalisation sur la petite Christelle, alliance avec Annie-les-gros-mollets, manœuvres auprès du Boss, qu'ai-je fait sinon des transactions ? Je fonctionne avec mon portefeuille de valeurs, suivant mes intérêts autocentrés et me contrefoutant de qui sont réellement les autres. Je me croyais supérieur au Spectre, d'une nature différente, mais dans le fond, je ne suis en rien plus humain que lui.

Lundi 14 h 30 : Leçon de vie

Le classeur de références ouvert devant moi, je n'ai plus qu'à m'y mettre. Alors, au boulot. Maintenant. À fond. C'est parti. Comme tout le monde. D'ailleurs, à ce propos, où en sont mes collègues ?

Le couloir est désert. À l'open-space, les clones pianotent sur leurs claviers comme des brutes. Un téléphone sonne. Personne ne décroche. Pas de temps à perdre. De son côté, Géraldine travaille avec la même hargne. Quant à Martine, elle jongle avec d'épais classeurs et des centaines de formulaires. Chacun essaie de s'acquitter de sa mission dans les temps afin de faire bonne impression auprès du futur employeur.

Solénoïde discute avec son coquin d'ordinateur : « Ne t'inquiète pas. » La machine répond par un couinement. Je ralentis, tends l'oreille. « Le méchant peut dire ce qu'il veut, tu seras toujours dans mon cœur. » Nouveau bruit étouffé. La secrétaire esseulée a dû installer sur son poste une sorte de compagnon virtuel.

Je m'approche à pas de velours. À côté de l'écran, il y a un carton d'archives. Et par le petit trou qui sert à l'attraper, un museau frétille, cherchant un peu d'air frais. Mozart ! Solénoïde sursaute. Je la rassure d'un sourire protecteur, comme au bon vieux temps.

Autrefois, je l'aurais cataloguée. Risquer son job pour un quadrupède dégénéré, c'est quand même balourd. Aujourd'hui, je ne sais plus. Son attachement à la pauvre bête n'est-il pas plus important que toutes les règles à la noix de tous les Méga-Man au monde ? Le Spectre peut tourner la vis autant qu'il veut, Solénoïde ne délaissera jamais son amour. Et moi, je trouve ça beau.

Mardi 10 h 00 : Sueurs froides

Stylo à la main, classeur de références devant moi, je regarde les aiguilles de ma montre faire des bonds. Et dix. Et quart. Et vingt. Numéro 3 surgit dans l'encadrement de la porte : « Il arrive ! »

Quelques courses dans le couloir. Plusieurs voix s'entremêlent d'injonctions nerveuses. L'agitation semble gagner toute l'équipe lorsqu'un affreux hurlement s'élève depuis l'open-space. C'est Numéro 3. Un silence, le carillon de l'ascenseur, puis plus rien.

Depuis mon bureau, je scrute l'encadrement de la porte. Soudain, la stature impressionnante du Spectre apparaît. Il traverse le couloir sans la moindre oscillation, comme s'il était porté sur coussin d'air. Arrivé à son extrémité, il tourne lentement sur lui-même et reprend son inspection en sens inverse. Son visage monochrome est dénué de toute expression. Sa tête pivote horizontalement, balayant l'espace comme un radar. Ses yeux grands ouverts mitraillent son champ visuel, sans jamais s'arrêter sur le moindre détail. Il scanne.

Je retrouve Solénoïde crispée sur son clavier : « yzyz upup; si(rdyèvr si(u z dpid yp, htz,f vjz^rzi ». Elle ne tape pas un texte, ses mains tremblent toutes seules. Le carton d'archives n'est plus à sa place initiale. Il se balance mollement sous le comptoir, derrière la poubelle.

À l'open-space, Numéro 2 a la tête entre les mains. Il répète : « C'est dingue, c'est dingue. » Numéro 5 se tapote les joues. Numéro 3 est figé devant son écran. Je m'approche, lui donne une tape amicale sur l'épaule, le clone ne réagit pas. Son corps est tétanisé. Sur le bureau, une soucoupe vide. La tasse gît plus bas, à ses pieds. Son pantalon est couvert de café encore fumant. Dans la précipitation, le clone s'est ébouillanté.

Sur son front perle une goutte de sueur. Elle descend le long de sa joue, grossit, s'allonge puis enfin se détache. Tout à coup, Numéro 3 sort de sa catalepsie. Sa main fend l'air et rattrape la goutte au vol. Ses testicules sont en compote, mais le document qu'il doit rendre à Méga-Man est sauvé.

Mardi 16 h 00 : Une main tendue

Annie-les-gros-mollets m'apporte une tasse de café. Étrange. Où se cache la petite crasse ? Quelle est la manœuvre ? Dans combien de temps me plantera-t-elle un couteau dans le dos ?

Elle me demande si le travail avance. Je lui fais part de mon blocage : je suis face à ma feuille, toutes les conditions sont réunies et pourtant, ça ne vient pas. Un vrai mystère.

La secrétaire enchaîne : on ne fait pas toujours ce que l'on veut. Elle-même aurait voulu suivre de grandes études, avoir une famille nombreuse, vivre dans une belle maison. Rien ne s'est passé comme prévu. Elle était enceinte, son fiancé l'a quittée, il fallait travailler. Un deux-pièces meublé en banlieue, les cris des voisins, la course aux petits boulots, elle a pris ce qu'il y avait. Adieu rêves de princesse, vie fastueuse et voyages à l'autre bout du monde. Bien sûr, elle sait que ses collègues ne l'apprécient pas mais, par le biais de ses mesquineries, on s'intéresse un peu à elle. C'est mieux que rien.

Sur le pas de la porte, elle me glisse encore que la solitude, c'est pire que tout. J'ai la désagréable impression qu'en se dévoilant, ma collègue parlait aussi de moi.

Mercredi 10 h 00 : Aveux poétiques

En pleine séance de motivation, je contemple Martine Marteau enfoncer les boutons de la photocopieuse avec son flegme habituel. La comptable me demande si j'ai des notes de frais. Je baisse les yeux : « Autant vous l'avouer, mes élans poétiques n'avaient pas pour but de vous séduire mais simplement de me faire rembourser les déjeuners avec Gégé. » Martine sourit : « Je l'ai toujours su. Et après ? En soi, le métier de comptable n'a rien de palpitant. Au moins, vos vers fougueux donnaient un peu de piment à mon quotidien. »

Un courant d'air glacé me court entre les jambes. Trop tard. L'effrayante silhouette spectrale sort de l'ascenseur et vire au ralenti en direction de l'open-space. Tout le monde est pris au dépourvu. La photocopieuse émet un grognement sourd. Je recule. Sous la machine, deux petits yeux luisent dans le noir.

Trop de pression. Je me réfugie aux toilettes. De l'autre côté de la cloison, quelqu'un chuchote : « ... Ne te fâche pas... Je n'ai pas le choix... Si je perds mon travail, ce sera pire... » Intrigué, je me lave longuement les mains. Le mystérieux interlocuteur est Numéro 3. Il rengaine son téléphone portable et m'explique que sa femme sature de ses retours tardifs. Même le week-end, le clone ne parle que de travail. Il n'arrive plus à décompresser.

On pourrait croire qu'avec sa grosse voiture, sa maison secondaire et toute sa technologie, Numéro 3 fait partie du gratin. En fait, il est coincé entre famille, boulot, pression sociale et besoin de consommation. Derrière son beau costume, comme nous tous ici, il ne fait que survivre.

Mercredi 16 h 00 : Les quatre vérités

Le dossier a bien avancé : j'ai mis le titre. Adossé au mur du couloir, j'observe Solénoïde nourrissant Mozart à la cuillère, par le petit trou du carton. Elle en a découpé le bas afin que le york puisse se déplacer sans quitter sa tenue de camouflage. Le voilà qui s'aventure dans le couloir en zigzaguant.

Géraldine déboule. Elle manque de shooter dedans, fait un audacieux pas de côté, s'approche et me chuchote : « Annie m'a parlé de votre blocage. En ce moment, c'est dur pour tout le monde, mais il faut vous accrocher. Tenez bon ! »

Géraldine volant à mon secours sur les conseils d'Annie, je ne comprends plus rien. Étourdi par trois jours d'inactivité profonde, je n'ai qu'une seule envie, qu'on me laisse tranquille : « Arrêtez. Vous ne me connaissez pas. »

« Pour sûr qu'on vous connaît ! On sait que vous êtes manipulateur, méprisant, misogyne. Vous êtes le pire des glandeurs. À vous planquer dans le débarras pour faire la sieste, envoyer des clichés porno sur l'imprimante de l'accueil, reluquer les passantes pendant des heures. Même le coup du siège à la crevette, tout le monde pense que c'est vous. Mais, en dépit de tout cela, on vous aime bien. »

Avec douceur, la déléguée du personnel renchérit : « Regardez moi : mon obésité m'oblige à supporter les regards moqueurs. En plus, avec mes crises de spasmophilie, je peux partir en vrille à tout moment. J'ai même fait de l'hôpital psy. Tout cela, c'est lourd à porter. Mais je vis avec. Je ne me laisse pas aller. Je m'investis même pour le syndicat. Vous voyez : il faut y croire. Allez, un peu de courage, on va y arriver ! »

C'est sorti tout seul. Je lui ai dit maman.

Jeudi 8 h 20 : L'arroseur arrosé

Mais où ai-je égaré le classeur de références ? Peut-être dans l'armoire ? Non. Sous le bureau ? Non plus. À côté de la photocopieuse ? Aucune trace.

Quelqu'un me ferait-il une mauvaise blague ? Après ce que Géraldine m'a avoué hier, ce ne serait pas étonnant. Les collègues ont de bonnes raisons de me haïr. Je tente la salle de pause. Rien sous l'évier, ni dans le frigo. Les enflures ! Ils me renvoient l'ascenseur. À coup sûr, ils ont mis le classeur dans le débarras.

Je traverse l'étage, livide.

M'interpellant depuis le bout du couloir, Numéro 2 accourt et me demande si tout va bien. Oui et non : je cherche le classeur de références. « Attendez ! C'est Géraldine qui l'avait hier. » Moins une. Géraldine me renvoie à Martine. À son tour, la comptable me déclare en avoir fait des photocopies avant de le passer aux clones. Le jeu de piste continue.

Numéro 4 sort le fameux classeur : « Comme on vous trouvait mal en point, on est tous resté hier pour rédiger la Charte Qualité. La voilà. Elle est terminée. » Il me tend un épais dossier, impeccablement relié. J'y reconnais la patte de Solénoïde, irréprochable dans ce domaine.

Jeudi 16 h 20 : Le rédempteur

Mes collègues travaillent à fond, épuisés par la nocturne de la veille. De mon côté, je déprime, bien entendu. Peut-être suis-je trop sensible. Non pas *très* sensible mais *trop* sensible.

Imaginez-vous dans un train. Vous regardez défiler la campagne. Au loin se dessine un cabanon. À mesure qu'il grossit, vous en discernez les contours. La forme du toit, une fenêtre entrouverte, un carreau cassé, un torchon accroché à une poutre, une fissure sur le mur, la peinture qui s'écaille. Puis il passe et vous enchaînez naturellement sur la suite du paysage. Mais si vous êtes dans le sens contraire à la marche, le même cabanon commence par vous donner une grande claque. À peine avez-vous réalisé ce dont il s'agit qu'il rapetisse et disparaît à l'horizon. Voilà ce qu'est l'hypersensibilité. Tout prendre dans la gueule et ne rien voir.

Un carton d'archives entre. Il navigue cahin-caha, racle le meuble bas, se cogne à mon bureau, finit par le contourner. Je soulève l'armure. Mozart est toujours autant azimuté. Son corps ondule sur place, sa tête toupine. Son regard croise le mien. Il s'y arrête. Le compositeur me scrute. Il me reconnaît !

Vas-y ! Prends mon mollet. Mords-le. Je le mérite.

Le chien me renifle. Il se balance, se rapproche puis me donne un grand coup de langue amical. Lui le traumatisé, le séquestré, lui à qui j'ai fait tant de mal, il me pardonne. Mes farces douteuses, mes égoïsmes, mes mensonges et ce que je n'ai pas su voir : les attentions de la petite Christelle, la franchise de Martine, la gentillesse de Géraldine, la souffrance d'Annie, la faiblesse des clones. Tout cela, il me le pardonne.

Vendredi 9 h 00 : Dernier acte

Autour de la table de réunion, l'équipe attend en silence. Le comité entre. Le Boss précède Monsieur le Président. Méga-Man clôt la marche.

Avec beaucoup d'aisance, le Spectre entame sa présentation : « L'innovation, la flexibilité et la réactivité sont les atouts indispensables pour relever les défis du monde de demain. » Géraldine fait semblant d'être détendue. Gégé somnole. Numéro 5 boit son café. Solénoïde fouille dans son sac. Assis à l'autre bout de la table, Monsieur le Président acquiesce de la tête, comme le ferait un professeur appréciant l'exposé du meilleur élève de la classe, celui que tout le monde déteste.

Prenant de l'assurance, le Spectre continue à débiter ses ronflantes certitudes : « Une meilleure productivité ne peut s'obtenir que par la rationalisation des coûts et l'évaluation précise de la valeur humaine ajoutée. » Le mot de trop. Géraldine s'insurge : « La valeur humaine ajoutée ? Mais c'est de nous qu'il parle ! » Annie-les-gros-mollets enchaîne : « Ça ne m'étonne pas : il fait des dossiers secrets pour nous mettre à la porte. »

Passant au transparent suivant, Méga-Man poursuit comme si de rien n'était. En fond sonore, Annie ronchonne sur un ton monocorde : « Voleur de cannes d'aveugles, empoisonneur d'enfants, croupier de maisons closes, loueur de sépultures, pisse-copie de lettres anonymes, trafiquant testamentaire, publicitaire. »

D'un simple geste de la main, Monsieur le Président stoppe net les deux voix. Il laisse planer un long silence puis demande : « Quelqu'un pourrait-il m'expliquer ? »

Numéro 5 se lance : « Depuis l'arrivée de votre associé, nos statistiques hebdomadaires sont catastrophiques. » Martine renchérit : « Je les distribue pendant le pot du vendredi mais ce monsieur ne s'est jamais donné la peine de venir. » À son tour, Géraldine parle de « traitement inhumain et dégradant ». Une complainte s'élève : « Hou-hou-hou. » Solénoïde a fondu en larmes. Elle extirpe Mozart de son sac. Au bout du rouleau, le pauvre animal déambule sur la table. Arrivé au centre, comme si le marionnettiste coupait les fils, il s'affaisse d'un coup, les quatre pattes écartées, les yeux pointés au ciel, la langue pendante.

L'assemblée s'est tue. Un grondement sourd monte des profondeurs de la terre. Quel est ce nouveau fléau ? Le bruit se tord, se module, se transforme en gargouillis. C'est un bruit de ventre ! Le torpilleur fou ! Il est parmi nous. Je scrute mes collègues. Trop tard, le silence retombe.

Excédé, Monsieur le Président exige le rapport final. Gégé se lève. Il porte religieusement un épais document. Regardant droit devant lui, il traverse la salle et s'incline, un genou à terre : « Voilà l'œuvre. » Le grand ponte s'empare du rapport, le dispose devant lui, commence à le feuilleter. Tiré sur papier photo, chaque page présente un seul cliché. Une bite. Un sein. Une fesse.

Fidèle à lui-même, Méga-Man reste imperturbable. Entouré de ses camemberts, il reprend froidement son exposé. Peu importe qu'autour de lui l'univers s'effondre. Peu importe que l'équipe parte en vrille. Peu importe que sa détermination en devienne grotesque. Il mène la mission à son terme.

Monsieur le Président l'interrompt : « Je vous remercie. » L'auditeur est séché net. Il marque un temps d'arrêt, rien ne vient. Il éteint le rétroprojecteur, griffonne quelques notes, remet sa calculatrice dans sa poche et s'en va, sans un mot.

Il n'a pas craqué. Pourtant, c'en est fait. Il a perdu la partie.

Vendredi 16 h 00 : Un homme bon

Numéro 4 entre en salle de pause : « Pendant que Mozart détournait l'attention, j'ai subtilisé ceci. » Le vrai rapport de Méga-Man ! Pour fêter l'acte de bravoure, Gégé se lance dans la préparation d'un Dépôt de bilan (banane, yaourt de Solénoïde, miel, œuf, lait, glace). Tournée générale !

Martine affirme qu'on ne se laissera plus faire. Numéro 2 est de son avis. Numéro 3 précise qu'il a vu le Spectre manger à la cuillère une poudre jaune qui sentait le soufre. Annie en était sûre. Martine soutient l'avoir entendu tenir une conversation téléphonique en parlant à l'envers ! Géraldine se tourne vers moi : « Vous avez été le premier à voir le danger. Vos tentatives étaient courageuses. Vous méritez notre respect. »

Monsieur le Président fait son entrée. Il a changé de costume et tient un bouquet qu'il offre à Solénoïde avant de s'adresser à tous : « Jamais les choses n'auraient dû se passer ainsi. Mon collaborateur n'était pas à la hauteur. Au nom du groupe que je préside, je vous prie d'accepter nos excuses. Et quel que soit le sort que nous réserve l'avenir, je m'engage personnellement à ce que votre situation soit traitée avec tous les égards qu'elle mérite. »

La main sur le cœur, le grand ponte s'incline. Géraldine le relève. Solénoïde essuie une larme. Numéro 3 applaudit. Monsieur le Président prend le temps de serrer la main de chacun. Après tant de mésaventures, il est l'humanité retrouvée.

Pendant que l'équipe se presse autour de lui, Gégé, avachi dans son coin, marmonne : « Et je les observais. Ils étaient là, au pied de la colline, à se prosterner devant le veau d'or. »

Semaine 15

Lundi 8 h 30 : Le retour de la routine

La visite surprise de Monsieur le Président a rassuré tout le monde. En quelques minutes, ses propos chaleureux ont dissipé la tension accumulée depuis des semaines.

À l'open-space, les clones ont retrouvé leur jovialité habituelle. Chaque fois que l'un conclut un nouveau contrat, il gratifie ses collègues d'une petite séquence de mime : Numéro 2 redresse la cravate sur sa tête et court, les bras écartés comme un avion, Numéro 3 se met à genoux et lève ses poings serrés, Numéro 4 se précipite à la fenêtre et prend la pose, Numéro 5 déboutonne sa chemise pour montrer son torse, Numéro 6 tente une roulade, se vautre dans une pile de dossiers. Après quelques secondes de délires muets, ils reprennent leur sérieux, décrochent leurs téléphones et passent au client suivant.

De son côté, Géraldine cavale sur son clavier à une vitesse ahurissante. De temps à autre, une touche vole en l'air. Elle la rattrape au vol, la replace et continue sans se déconcentrer. Quant à Martine, elle manipule ses classeurs en fredonnant. Je lui adresse quelques vers impromptus : « Dans la pénombre, tes grands yeux bleus. Je les dénombre, ils sont bien deux. » Elle me sourit, saisit la note et complète elle-même le formulaire de remboursement. Solénoïde lit le mode d'emploi de sa nouvelle paire de ciseaux, Annie nettoie ses tiroirs. Bref, tout le monde bosse. Tout le monde, sauf moi, bien entendu.

Lundi 14 h 30 : Dernier soupir

Dans la salle de réunion, il règne un calme impressionnant. Le Spectre n'a même pas pris le temps de récupérer ses transparents. Je les feuillette, tombe sur celui qui signa la défaite de l'auditeur. Dommage : il n'en restait que deux. Encore une magnifique série de camemberts et un intrigant schéma sur lequel figurent les noms de mes collègues. Ils sont reliés par une myriade de flèches colorées dont le sens m'échappe. Toute la structure converge vers un nom unique, le mien !

Un numéro de téléphone est griffonné. J'appelle. Plusieurs tonalités, une musique d'attente, quelqu'un décroche. En fond sonore, je reconnais cette ambiance feutrée si caractéristique du tertiaire d'où émergent de lointaines conversations, le ronronnement d'une photocopieuse, le cliquetis de doigts sur un clavier. C'est bien le Spectre : « Bonjour. J'attendais votre appel. Je vous félicite. Vous avez gagné. Beau boulot. Au revoir. »

Mardi 9 h 30 : Tri vertical

Beau boulot ? Je vais t'en faire moi, du beau boulot. Avant la fin de la matinée, il n'y aura plus une feuille de papier dans mon bureau. Voilà un objectif comme tu les aimes. Bien évaluable, bien rationnel, et surtout bien crétin.

J'ouvre l'armoire, prends les classeurs, vide un par un leur contenu, les repositionne à leur place initiale. Étagères, meuble bas, tiroirs, tout y passe. Mon bureau est envahi par des piles de papiers.

Comment se débarrasser de toute cette matière ? L'idéal serait de la glisser sous la moquette en une couche uniforme de deux ou trois millimètres. Ni vu ni connu. Je me rabats sur une solution plus réaliste, entassant les feuilles dans le coin de ma pièce en une immense colonne qui atteint presque le faux plafond. En apparence, rien n'a changé sinon qu'à présent, je vis dans un décor.

Mardi 15 h 00 : Canonisation

Lorsque je m'enquiers de la santé de Mozart, le visage de Solénoïde s'illumine : « C'est notre sauveur ! » Elle est persuadée que la grande réunion a capoté grâce au numéro de son chien. Il s'est sacrifié. Maintenant, il ne sort plus de sa boîte, passant son temps en méditation pour les malheureux du monde entier : il leur envoie du courage par télépathie. Sur le carton, quelques paroles bibliques, le dessin d'une croix en jaune fluo.

Solénoïde plonge sous le bureau, trifouille les prises électriques. Une lumière multicolore se met à clignoter par le petit trou de l'archive. La standardiste réapparaît en souriant. Pour faire beau, elle a installé une guirlande de Noël à l'intérieur : ça reste discret et son amour est le seul à en profiter. Le pauvre york pousse une complainte que sa maîtresse prend pour un chant liturgique. Dans le fond, elle a raison : Mozart est un martyr.

Mercredi 9 h 00 : Gégé dans la place

Un dandy passe dans le couloir. Costume noir, chemise rose, éventail assorti. Je pars en reconnaissance, tombe sur un autre inconnu flanqué d'un manteau de fourrure, en train d'examiner le faux plafond. Vers l'accueil, deux Japonais décryptent la plaque de l'extincteur.

Gégé me tapote sur l'épaule. Il porte une veste en lin, des lunettes teintées et ses cheveux sont attachés en catogan. Devant mon regard interrogateur, il me glisse : « J'ai réservé la salle de réunion. Viens cet après-midi. Ça va être grandiose. »

Mercredi 14 h 00 : Haut lieu culturel

La salle de réunion est bondée. Entre les journalistes, les caméras et quelques célébrités en vogue, je retrouve mon dandy. Face à ce beau monde, Gégé pérore : « Toute vérité métaphysique appelle à une justification ontologique que seule permet d'élucider la notion transcendantale du bikini. » Sur l'écran défilent des images pornographiques mais cela ne choque personne : c'est de l'art !

Lorsque l'artiste se tait, l'assemblée est subjuguée. Plus personne ne bouge. Puis, le dandy se lève. Avec un affreux accent new-yorkais, il mâchouille : « *Youuurrr a genius.* » Il frappe dans ses mains. Une fois, une autre, une troisième. Lentement, ses clappements se transforment en applaudissements. Son voisin l'imite : « *Faaaabulous, maaarvellous.* » L'ovation gagne la salle. Tout le monde est debout, même les journalistes. Le moment est historique.

Le diaporama s'est arrêté sur un immense lobe d'oreille. Face aux acclamations, Gégé reste sobre. Les mains dans les poches, il regarde ses chaussures, tête baissée. Ses lèvres bougent. Je m'approche, semble entendre : « Et je les observais. Ils étaient là, au pied de la colline, à se prosterner devant le veau d'or. »

Jeudi 10 h 00 : Transfert amoureux

Autour d'un verre, la petite Christelle fait ses adieux à l'équipe. Je reste en retrait, sans rien attendre de cette ultime proximité. Le cœur n'y est plus. Elle se lance dans un discours magistral, citant Nietzsche, l'appelant même par son prénom. Je file en douce.

Passant par l'accueil, je récupère les nouvelles candidatures, m'enferme dans mon bureau. Voyons voir. La première est passionnée de haute montagne. Hors de question de supporter tous les lundis matin sa démarche ressort et sa mine réjouie. La deuxième fait partie d'un club d'investissement. Sans commentaire. Les loisirs de la suivante se réduisent à : « Sorties entre amis, cinéma, voyages. » Je manque de m'endormir. La quatrième se dit championne de France de tonte de mouton. Ainsi, il existe des compétitions de tonte de mouton. Et elle en est la championne. Toute cette laine... Mais qu'en fait-elle ? Entourée de ces montagnes de douceur, je l'imagine tendre, d'une beauté simple. Elle doit être bergère, vivre dans une humble chaumière, confectionner écharpes, chandails, pull-overs pendant qu'un feu de tourbe crépite dans la cheminée.

Sur la candidature, je note : « Donner un RV. »

Jeudi 15 h 00 : Le Boss

Le Boss regarde par la fenêtre, immobile. Sur son bureau trône un carton pratiquement vide. Une boîte de cigares, un stylo-plume, quelques livres. S'apercevant de ma présence, il s'empare de son ordinateur portable, le referme et me le tend : « Tenez, c'est un cadeau. Je m'en servais juste pour la déco : je n'ai jamais su le faire marcher. » Je lui propose mon aide pour tout plier. Il me sourit, ouvre son armoire. Elle est vide ! « Toute cette place m'était inutile. »

Devant mon étonnement, il ajoute : « Vous ne réalisez donc pas ? »

Le Boss se dirige vers le meuble bas. Il en retire son unique contenu : un paquet de quarante-huit rouleaux de papier-toilette. « Très important ! » précise-t-il avant de l'ajouter au carton. Tout s'éclaire. Ses interminables absences pendant les réunions. Ses bruits de ventre façon bête du Gévaudan. Ses costumes raie du cul. Son visage crispé. Le Boss est le torpilleur fou. La machine à caca, la bétonneuse en folie, le poète magnifique. Seul lui avait le temps de s'enfermer des heures durant pour déclamer sa prose au ralenti. Dissimulé derrière son masque tourmenté, il était le frère inconnu, le glandeur puissance mille, le maître. Et il s'en va.

Vendredi 10 h 00 : Une effrayante récupération

Le téléphone sonne. C'est Monsieur le Président, et c'est bien à moi qu'il veut parler. Après avoir confirmé le rachat ainsi que le départ du Boss, le grand ponte se penche sur mon cas. Il me décrit comme libre, critique, inventif, résolument moderne. On nage en plein délire. Enfin, il lâche le morceau : « Pour le poste de direction, j'ai pensé à vous. » Je manque d'exploser de rire.

Puis je réalise. Je réalise que les deux mondes que je croyais si opposés viennent de se rejoindre. Que le système est en train de digérer sa dernière pierre.

Mes facéties n'étaient qu'un apprentissage : déléguer mon travail, me détacher du quotidien, manipuler mes collègues... Je suis devenu exactement ce qu'ils attendent de moi. Ma dernière once d'humanité ? Tu parles ! Ce que Méga-Man n'a pas su saisir, Monsieur le Président vient de le récupérer d'une volée. En venant s'excuser lors du pot du vendredi, il œuvrait déjà pour ma nomination. Plus je gagnais mon combat contre le Spectre, plus je lui offrais sur un plateau de quoi étendre encore son empire.

Mes costumes seront encore plus bleus, mon travail encore plus absurde, ma logique encore plus obscène. Je saloperai le monde puissance mille, en toute légalité. Si ça se trouve, mes coups de pute serviront même d'exemple. Je suis battu sur mon propre terrain, celui du grand n'importe quoi.

Vendredi 16 h 00 : Épilogue

Ils sont venus, ils sont tous là. Les clones délaissant leurs combinés, Martine Marteau ses classeurs, le Boss son carton. Géraldine mange une énorme part de gâteau, Gégé contemple sa divine collection, Annie regarde les clichés par-dessus son épaule. Solénoïde est accompagnée de son york encartonné. À la longue, ce fardeau la rendra moins disponible, moins impliquée et donc moins performante.

Mon Dieu ! Mais qu'est-ce que je raconte ? Leur monde se referme sur moi.

Le Boss était devenu poète. Une fois le loquet des toilettes enclenché, dans le silence et l'obscurité, il déclamait sa prose au ralenti. C'est maintenant à moi de trouver mon échappatoire. Peu importe si le geste est grotesque, vain ou désespéré. Il sera toujours plus sensé que leurs procédures débilitantes. Voilà pourquoi je dois leur résister. Balayer les évidences. Continuer ma folie douce. Envers et contre tout. Essayer, au moins essayer d'être encore un peu vivant.

Cet ouvrage a été composé et imprimé par

FIRMIN DIDOT

GROUPE CPI

Mesnil-sur-l'Estrée

pour le compte des Éditions Robert Laffont
24, avenue Marceau, 75008 Paris
en septembre 2005

Dépôt légal : septembre 2005
N° d'édition : 46527/02 - N° d'impression : 75554

Imprimé en France